歴史文化ライブラリー
344

宮中のシェフ、鶴をさばく

江戸時代の朝廷と庖丁道

西村慎太郎

吉川弘文館

目　次

鶴を食べますか？――プロローグ

月右衛門「おっ！　良いねえ。なんの吸い物だい。随分と良い香りだが」
お　花「もしかして、これは？」
夢　蔵「そうだよ。鶴だよ」
月右衛門「えっ！　鶴肉の吸い物か〜っ⁉」
お　花「脚の筋が添えてあるからそうじゃないかと思ったんだよ」
月右衛門「いやあ、初めて食ったが、味も香りも噂通りだな」
（ラズウェル細木『大江戸　美味草紙〜食と遊びの歳時記〜』）

寒風の路地、背中を丸めた月右衛門と妻お花は、知り合いの一膳飯屋に呼ばれ、お祝いの御馳走を振る舞われた。友人の夢蔵と妻おみつとの間に赤ちゃんが誕生することとなったのである。しかし、月右衛門はそんな「おめでた」話よりも御馳走に目がない。鯛《たい》に鶴、スッポンには少し戸惑いを見せて、「あんな泥の中にいる気味の悪い亀なんか食いたかねえよ」と震えるが、食べ出したらペロリである。ラズウェル細木の描く主人公はいつも嫌味がない人物ばかりだ。

さて、肝心の鶴の話。現在、タンチョウヅルやマナヅルなどは天然記念物に指定されており、食べることはできない。すでに江戸時代には、鶴は貴重な鳥となっていた。吸い物として食されたが、その際、鶴であることの証明として脚の筋を二本添えたといわれている。貴重であるため、なかなか人びとの食卓に上がることはなかった。他方、将軍家や大名家では贈答品や饗応として広く利用された。また、将軍は鷹狩をして鶴を捕え、天皇に献上している。献上された鶴は正月十八日に鶴庖丁《つるほうちょう》という儀式が行われ、御厨子所預《みずしどころあずかり》（または御厨子所小預《こあずかり》）という官職を代々務めた地下官人《じげかんじん》（後述）が鶴を身・羽・脚などにさばいた。天皇・公家はもちろん、諸人が見守る最中である。

しかし、この鶴のさばき方、ただ庖丁を握って切ればよいというわけではない。切り方はもちろん、置き方に至るまで厳密な作法があった。さらに、鶴だけではない。魚や野菜にも切り方や庖丁の動かし方、切る前の作法などがある。献立や配膳にも作法がある。これらの作法を総称して「庖丁道」といった。

図1　高家神社庖丁式

本書では、江戸時代を中心に、鶴をさばくために庖丁を握った人びとにスポットライトを当ててみたい。庖丁道については、『国史大辞典』の記述をはじめとして、堂上《とうしょう》公家《くげ》の四条《しじょう》家の家職《かしょく》であり、朝廷儀式のうちで膳に関わるものを担ったイメージがもたれているが、実は、豊臣政権で設定された公家の家職にも、江戸時代初期に記された公家の家職に関する書物にも、四条家の家職が笙《しょう》（雅楽）であることは記されていても、庖丁道との関わりは記されてはいない。その一方で、地下官人のなかには公家家職を担う存在の者もあって、「四条流」と称された庖丁道を家職としていたのは高橋家であった。では、いつから、なぜ堂上公家四条家の家職が庖丁道となり、四条家が「庖丁の家」になったのか。この謎もひもといていきたい。合わせて、実際に朝廷儀礼の配膳を担った地下官人の高橋家についても描いていきたい。

さらに、朝廷儀礼とは別に、江戸時代の天皇や将軍の個人の食事はどのようなものであったのか、その食事を作ったのはどのような人びとであったのかも明らかにしたいと思う。そして、これらの点を明らかにするにあたって、前提として、江戸時代の天皇・朝廷とはどのような存在であり、その役割とは何であったのかということを考えてみたい。これまで、天皇・朝廷は「雅《みやび》」の世界、伝統文化の世界として描かれたり、または江戸幕府との対立という政治的な側面で語られることが多かったものと思われる。しかし、近年、さまざまな角度から研究が進み、江戸時代の天皇・朝廷がしだいに明らかとなってきている。それら最新の研究成果を踏まえながら、庖丁道という「伝統」がどのように創り上げられていったかに迫りたい。

なお、本書では「四条家」と記した場合、堂上公家の四条家を指し、「四条流」と記した場合、庖丁道の四条流を指す。両者は江戸時代の後半（幕末に近い頃）に至るまで一体ではなく、非常に紛らわしいが、ご了承いただきたい。

江戸時代の天皇・朝廷

江戸時代の天皇・朝廷の役割

江戸時代の天皇や朝廷社会に生きた人びとの役割、さらには生き様を、「庖丁道」から描いていくにあたって、読者の方々にあらかじめ知っておいていただきたい研究の流れなどを述べておきたい。江戸時代の天皇・朝廷とはどのような存在だったのだろうか。

研究の流れ

江戸時代の天皇・朝廷研究は古くから存在した。ただし、第二次大戦敗戦までは概して江戸時代の天皇・朝廷に対する研究は少なかった。「天皇を研究対象にするとはけしからん」という当時の独特な意識に基づくのであろう。

さらに、戦後しばらくは江戸時代の天皇・朝廷研究は進まなかった。その理由として、戦前・戦中の天皇崇拝に対する反動や嫌悪感が先走り、「江戸時代の天皇・朝廷は無意味」と単純に評価してしまったことに原因があると思われる。しかし、そこに大きな過ちがあった。一九四五年の敗戦から一九七〇年代初頭まで、「江戸時代の天皇・朝廷は無意味」であるが、なぜ無意味であるのにもかかわらず生き残り、明治維新後は国家の頂点に位置づいたのか、という問いに対して、古代以来の権威であるためとか、国民のなかに根強い天皇信仰があったためという結論で済ませていた。この時期、江戸時代の天皇・朝廷に関する実証的な研究が乏しいため、イメージで語ってしまうことが多く、なぜ、天皇・朝廷が残ったかの問いに対して答えないまま、「江戸時代の天皇・朝廷は無意味」という認識がひとり歩きしていった。

では、江戸時代の天皇・朝廷は本当に無意味だったのか。歴史研究のなかで、この命題が最初にクローズアップされるようになったのは、家永三郎《いえながさぶろう》執筆の教科書が国の教科書検定で不合格となったことに対し、家永氏が検定は憲法違反であるとして訴えた裁判、すなわち、家永三郎教科書裁判においてである。一九七〇年代のことだ。文部省（現在の文部科学省）は教科書検定で、江戸時代の天皇を「君主」として規定した。「君主」とは、国土と国民を統治する立場にある存在、平たくいえば「王様」である。それまで、「江戸時代の天皇・朝廷は無意味」という認識のなかにいた歴史研究者にとって、この評価は驚きであった。江戸時代の「君主」は徳川将軍ではないのか。しかし、天皇＝「君主」という評価に対して、当時の歴史研究者はそれを肯定することも否定することもできなかった。なぜなら、十分な研究蓄積がなかったためである。

そこで、一九七〇年代から八〇年代にかけて、江戸時代の天皇・朝廷研究が少しずつ進められていった。とりわけ、天皇・朝廷と幕府との関係を論じた朝幕関係史研究は、その中心をなすものであった。朝幕関係の研究が進むと、朝幕間にあって、朝廷運営にあたった関白《かんぱく》・武家伝奏《ぶけてんそう》・議奏《ぎそう》という朝廷運営の中心になる公家の存在が明らかになっていった。宗教史研究でも、天皇・朝廷の役割が次々と明らかになっていった。神職における吉田・白川家、陰陽師《おんみようじ》における土御門《つちみかど》家といった公家たちの存在、修験者《しゆげんじや》や僧侶における門跡《もんぜき》（皇族や堂上公家《とうしようくげ》の子弟が入寺する寺院）の存在が詳細にわかるようになった。これらの人びとを本所《ほんじよ》というが、本所と配下の宗教者との関係などを通じて、江戸時代の天皇・朝廷研究が地域の問題まで含むまでに至った。近年では、朝廷内部の構成員（公家や朝廷内の旗本など）についても詳細な研究が進んでいる。

天皇・朝廷の役割

江戸時代の天皇・朝廷研究が最終的に目指したのは、「なぜ天皇・朝廷が幕末・明治維新にまで至り、近代天皇制国家に結実したか」という問いであった。それに対するいくつかの回答が提示された。ここでは、江戸時代の天皇・朝廷の役割について、①徳川将軍と東照大権現《とうしようだいごんげん》に対する権威化、②国家の安全や将軍などの病気平癒のための宗教的機能、③元号制定と官位叙任、④本所を通じた身分統制、という四点にまとめたい〔高埜利彦―二〇〇一年〕。

徳川将軍と東照大権現に対する権威化①

征夷大将軍《せいいたいしょうぐん》就任にあたっては、朝廷から宣旨《せんじ》と呼ばれる公文書が発行される。その公文書を発行できるのは、天皇・朝廷に限られたことであった。この公文書を発行することを宣下《せんげ》という。宣下の際、朝廷から派遣される勅使《ちょくし》は、将軍よりも低い座に座る。儀礼を通じて、将軍の権威を表したのである。

ところで、将軍宣下に際して、天皇・朝廷は征夷大将軍以外の宣旨も発行している。『光台一覧《こうだいいちらん》』という江戸時代中頃の朝廷の様子を記した書物によれば、六代将軍家宣《いえのぶ》の将軍宣下では、一一通もの宣旨が発行された。征夷大将軍の宣旨はもちろん、正二位《しょうにい》への昇進、内大臣への昇進など、官位昇進の宣旨（当時、家宣は従二位権大納言であった）。また、右近衛大将《うこのえたいしょう》任官、右馬寮御監《うめりょうごげん》補任《ぶにん》、淳和院《じゅんないん》・奨学院別当《しょうがくいんべっとう》補任、氏長者《うじのちょうじゃ》補任などである。右近衛大将は、源頼朝が右近衛大将に任じられたのに倣ったもので、本来は天皇の親衛隊長ともいうべき存在であった。右馬寮御監は大将と兼職で、本来は馬寮という朝廷の役所を統括する役職のこと。淳和院とは平安時代の天皇である淳和天皇の離宮のこと。奨学院とは、元慶五年（八八一）に在原行平《ありわらのゆきひら》（『伊勢物語』で著名な在原業平《なりひら》の兄）が設立し、皇族・諸王やその子弟（源氏・平氏・在原氏など）が学んだ教育機関である。淳和院・奨学院別当は、鳥羽院政の頃に源　雅定《みなもとのまささだ》が補任されて以来、源氏のトップ（源氏長者《げんじのちょうじゃ》）が任じられ、足利将軍家・徳川将軍家が将軍宣下にあたって任じられるならわしとなった。もちろん、淳和院も奨学院も存在しないものであるため、名目的・儀礼的なものであった。

さらに、徳川家康没後、「東照大権現」の号が朝廷から与えられた。「東照大権現」のほか、「日本大権現」「東光大権現」「威霊大権現」などの名称を候補として挙げられ、最終的には幕府が「東照大権現」に決定した。毎年の日光例幣使《にっこうれいへいし》、すなわち、東照宮《とうしょうぐう》への勅使派遣も、大きな神社に対する天皇の奉幣《ほうへい》（献上物を神に捧げること）に倣ったものである。奉幣の機能も、天皇・朝廷が形を大きく変えつつも、古代以来、執り行なってきたものであった。

国家の安全や将軍などの病気平癒のための宗教的機能②

天皇は、国の安全や将軍の加護《かご》などを祈禱や祈願によって遂行した。それは仏教や神道のみならず、陰陽道なども駆使しており、その際、天皇・朝廷の役割が不可欠であった。例えば、寛延四年（一七五一）五月一日より、七日間にわたって、七社七寺（伊勢・石清水《いわしみず》・賀茂・松尾・平野・稲荷《いなり》・春日《かすが》の七つの神社と、仁和寺《にんなじ》・東大寺・興福寺《こうふく》・延暦《えんりやく》寺・園城寺《おんじょう》・護国寺・広隆寺の七つの寺院）での祈禱が朝廷より命じられた。これは当時賀《か》茂別雷社《ものわけのいかずちしゃ》（上賀茂社）で「怪異」が起こり、また、地震が頻発していたためで、「国家安全」と「玉体《ぎょくたい》（天皇の体）安穏《あんのん》」とともに、諸臣万民が災厄から逃れるよう祈願したものである。安永八年（一七七九）二月二十九日には禁裏《きんり》の内侍所にて神楽《かぐら》を行なっているが、これは一〇代将軍家治《いえはる》の長男である家基《いえもと》の病気平癒が目的であった（実際には二月二十四日に死去）。

このような機能は、天皇や親王、公家の子弟らが入寺する門跡寺院も担っている。

元号制定と官位叙任③

江戸時代の元号は享保改元まで幕府主導であったが、その後は朝廷・幕府共同による改元であった。そして、幕府主導による改元であっても、それを執行するための儀式や公文書は天皇・朝廷によって担われた。では、改元はどのように進められたか。研究に依拠しながら述べてみよう〔久保貴子―一九九八年〕。

まず、改元が決定すると、年号勘者《ねんごうかんじゃ》と称された学者の堂上公家が新元号案を提出する。この年号勘者は誰でも任じられたわけではなく、菅原道真《すがわらのみちざね》の末裔の堂上公家のみ（高《たか》辻《つじ》・五条《ごじょう》・唐橋《からはし》・東坊城《ひがしぼうじょう》・桑原《くわはら》）であった。それらの案が改元の儀式にあたる公家や内大臣以上の高官の公家にも伝えられ、候補が絞り込まれていく。そして、最終的な候補を複数選び、幕府側が決定して、改元の儀式が行なわれた。例えば、正徳《しょうとく》改元（一七一一）の際は、正徳以外にも寛保《かんぽう》など五つの候補があり、霊元《れいげん》上皇は寛保を推したものの、幕府は正徳を推し、最終的に正徳改元となった（のちに一七四一年に改元されるが、この時に寛保の元号が採用された）。

同様に、官位についても、儀式や公文書は天皇・朝廷が担った。しかし、武士の官位叙任はすべて幕府が取りまとめて、天皇・朝廷へ公文書の発給《はっきゅう》を依頼している。天皇・朝廷は幕府の要請に否を唱えることなく、儀式と公文書の発給を行なった。なお、武家の官位といえば、「永井《ながい》信濃守《しなののかみ》尚政《なおまさ》」「松平《まつだいら》伊豆守《いずのかみ》信綱《のぶつな》」などと称されるが、永井尚政が実際に信濃国（現在の長野県）を統治したわけでも、「知恵伊豆《ちえいず》」こと、松平信綱が伊豆国（現在の静岡県伊豆地方）を統治したわけでもない。また、「井伊《いい》掃部頭《かもんのかみ》直弼《なおすけ》」の「掃部頭」は、本来、禁裏の畳や簾《すだれ》の敷設を行なう掃部寮の長官のことであるが、井伊直弼が江戸城の畳の張り替えを管轄したわけではない。これらは律令国家以来の官職名称がそのまま残り、呼称として利用されただけで、実効性は皆無であった。

本所を通じた身分統制④

神職・僧侶・陰陽師・修験などの宗教者などは、その頂点に公家がおり、それを本所といったということはすでに触れた。そして、本所によって宗教者の身分統制が成された。例えば、陰陽師が陰陽師として生きていくためには、陰陽師の頂点に位置する土御門家から免許を受けることによって、初めて陰陽師たり得た。勝手に陰陽師を名乗って吉凶を占うなどの生業《なりわい》をしてはいけないのである。現在でも、免許を持っていないのに医者として医療行為を行なうことは禁じられていることと同じだ。すでに述べたように、これら宗教者の本所は堂上公家や門跡であり、これも広い意味で天皇・朝廷の役割と位置づけられる。

本所を通じた身分統制は宗教者に限られない。一部の職人も公家を本所とした統制が成されている。例えば、鋳物《いもの》を生産した鋳物師《いもじ》は真継《まつぎ》家という公家が本所であった。真継家は堂上公家と異なり、地下官人《じげかんじん》という立場である。地下官人は下級の朝廷官人とも言い得る存在で、朝廷儀式に関与したが、世襲や儀式・知識の排他的継承が見られ、公家身分として位置づけられる存在だ（後述）。

評価への疑問

以上の四点が、江戸時代の天皇・朝廷の役割を端的に提示した最新の研究成果である。しかし、これらの評価について、いくつかの疑問が浮上する。例えば、①について、徳川将軍と東照大権現に権威を与える存在として天皇・朝廷を位置づけているが、当時の天皇・朝廷が徳川将軍家を上回る権威を有していたといえるであろうか。そもそも、天皇の権威を論じる場合、「伝統的権威」という表現が見受けられるが、中世以来、皇位ですら武家政権に握られている天皇にどの程度の権威があったかは疑問である。その点、近年は「伝統」や「権威」について、「オカルトじみた気配」と一刀両断にし、歴史研究としての健全な態度を主張する論調が広がっているものと思われる〔本郷和人―二〇〇九年〕。「伝統」とは、その創造と「伝統」にするための意図的な策略によって、初めて「伝統」となるのである。また、④について、身分統制の役割があったと述べるが、これは特定の宗教者に限定的であり、他の生業について天皇・朝廷が関与することはほとんど皆無である。逆にいえば、門跡寺院や吉田家などの存在は宗教者にとって欠かすことができなかった点は強調されるべきであろう。

　このように考えると、「江戸時代の天皇・朝廷が幕末・明治維新にまで至り、どのように近代天皇制国家に結実したか」という点に注目するあまり、「江戸時代の天皇・朝廷には何かの役割があったはず」と考え過ぎてしまった感は否めない。そもそも、「近代天皇制国家へとどのように結実するか」という問い自体、予定調和であろう。

天皇家と朝廷のなかの人びと

　では、江戸時代の天皇・朝廷とはどのような人びとによって占められていたのであろうか。天皇がいて、公家がいてという何となく雅びなイメージがあるが、①天皇とその配偶者、②摂関家、③親王家、④門跡、⑤公家、⑥禁裏付《きんりづき》・口向役人《くちむきやくにん》、⑦その他、に分け、詳細に見てみよう（本書の中心が庖丁道であるため、これにほとんど関与しない女性については天皇の配偶者のみ記す）。

天皇とその配偶者①

家康の征夷大将軍就任（慶長八年、一六〇三）から大政奉還（慶応三年、一八六七）までの江戸時代の二六〇年あまりのなかで、天皇は一六名にのぼる。天皇は内裏《だいり》のなかにいて、多くの朝廷儀式において主役を務める人物だ。あまり知られていないものの、個性的な天皇が多い。例えば、霊元天皇。紫衣《しえ》事件の直後に譲位した後水尾《ごみずのお》天皇の息子である。若い頃、彼は近臣たちと酒宴を行ない、泥酔してしまうと恥ずかしい事件を起こしたり、官位昇進も勝手に行なうなど奔放な性格であったようである。また、幕末の孝明《こうめい》天皇の祖父にあたる光格《こうかく》天皇。彼は天皇家の分家閑院《かんいんの》宮《みや》家の皇子であり、仏門に入るはずであった。しかし、本家の当主後桃園《ごももぞの》天皇が早世してしまったため、急遽天皇家を相続することとなる。後桃園天皇との関係は、光格天皇の又従兄弟桜町《さくらまち》天皇の皇子が後桃園天皇という、非常に遠縁であった（要するに文章にするとたいへんわかりにくいというほどの遠縁からの養子相続であったとご理解いただきたい）。光格天皇は養子相続であったという負い目か、あるいは、困窮している宮家から一転して潤沢な天皇家の財産（とはいっても限定的である）を獲得したためなのか、とにかく多くの朝廷儀式を再興し、頻繁に歌会《うたかい》や寺社への祈禱を行なった。そのため支出が増大し、武家伝奏広橋伊光《ひろはしこれみつ》は頭を抱えている〔佐藤雄介―二〇〇八年〕。

天皇には正室《せいしつ》と多くの側室《そくしつ》がいた。正室は古代と同じように中宮《ちゅうぐう》・女御《にょうご》などと称した。

一六名の江戸時代の天皇のうち、女性天皇二名を除くと（江戸時代の女性天皇は結婚することができなかった）、九名の天皇に摂関《せっかん》家より正室が嫁いでいた。多くの天皇が摂関家の姫を妻に迎えていることがわかろう。その他、三名が天皇・親王の皇女を正室とした。残りのうち、後水尾天皇は二代将軍徳川秀忠《ひでただ》の姫を正室とし、後光明《ごこうみょう》天皇は正室を迎える前に早世してしまっている。蛇足だが、もし江戸時代の天皇に「権威」が存在するなら、将軍家は天皇家との血縁を濃くしたいと思うであろうが、それをしている形跡が認められないことからも、天皇に「権威」がないことを前提に考えるのが普通であろう。

摂関家②

「摂関」とは、「摂政《せっしょう》」「関白」の略称である。簡単に述べれば、摂政は、天皇が幼少などで政務が十分にこなせない時に置かれる役職、関白は、その天皇が成人した際に置かれる役職である。古代以来、この摂政・関白は藤原家の直系が継承してきた。「御堂関白《みどうかんぱく》」の名称で名高い藤原道長《ふじわらみちなが》の末裔である関白藤原忠通《ただみち》より始まる五家が排他的に摂政・関白を務めたのであった（例外が豊臣秀吉《とよとみひでよし》・秀次《ひでつぐ》である）。忠通の息子が近衛《このえ》家と九条《くじょう》家を起こし、近衛家から鷹司《たかつかさ》家が分家し、九条家から二条《にじょう》家・一条《いちじょう》家が分家した。断絶などもありながら、摂関家は存続し、江戸時代にも朝廷運営の中心として活躍した。

親王家③

近代以降であれば、皇族の地位は人臣《じんしん》よりも上である。しかし、元和元年（一六一五）に発布された「禁中《きんちゅう》並《ならびに》公家《くげ》諸法度《しょはっと》」によれば、座席の順番を第一に大臣、第二に親王（天皇の皇子）、第三に摂関家の前任大臣、第四に諸親王と定めた。室町時代には多く親王家の興廃があったが、ここでは、江戸時代中期以降に存在した四家について述べよう（ただし、当主不在という場合もある）。

最初は伏見宮《ふしみのみや》家で、室町時代の崇光《すこう》天皇の皇子栄仁《よしひと》親王に発する。室町時代・江戸時代を通じて相続し、明治維新以降、大量に創出された宮家の多くは伏見宮家の子弟である。

次に成立したのは桂宮《かつらのみや》家である。これは後陽成《ごようぜい》天皇の弟八条宮智仁《はちじょうのみやとしひと》親王に発する。智仁親王は秀吉猶子《ゆうし》になった人物であった。後陽成天皇も譲位の意向を漏らした際、後継者に智仁親王を指名したこともある。現在でも、名所として知られる桂離宮《かつらりきゅう》を建設・造園したのも智仁親王であり、この別邸の名を冠して桂宮と称した。なお、時期によっては、常盤井宮《ときわいのみや》・京極宮《きょうごくのみや》とも称している。

次に成立したのは有栖川宮《ありすがわのみや》家である。後陽成天皇の皇子高松宮好仁《たかまつのみやよしひと》親王に発する。「有栖川」の称号の由来は京都の北紫野《むらさきの》に実在したといわれる歌枕の「有栖川」に因むものと思われるが、詳細は不明。

最後に成立したのが、東山《ひがしやま》天皇の皇子直仁《なおひと》親王に発する閑院宮家である。すでに述べたように、光格天皇はこの家の出身であった。

門　跡④

門跡とは、天皇・親王・摂家などの子弟が入寺する寺やその入寺した人物を差す言葉である。現在でも、例えば、京都大原に存在する三千院《さんぜんいん》の入口に「三千院門跡」と大きな石碑が立っているのを見たことがある読者も多いであろう（もっとも、江戸時代に「三千院門跡」は存在しないが）。親王や摂関家の子弟が入寺する門跡は輪王寺《りんのうじ》を筆頭にして、天台宗としては妙法院・青蓮院《しょうれんいん》・梶井・聖護院《しょうごいん》・照高院・曼殊院《まんじゅいん》・毘沙門堂《びしゃもんどう》・円満院、真言宗としては仁和寺・大覚寺・勧修寺《かじゅうじ》、浄土宗としては知恩院などであった。その他、准門跡・比丘尼《びくに》門跡がある。

なお、室町将軍家の場合、子弟を門跡に入寺させたが、徳川将軍家では一切入寺させていない。輪王寺というまったく新しい徳川将軍家のための門跡を創設したのにもかかわらず、輪王寺への入寺すらしていない。これを天皇家の宗教的権威にすがり、親王門跡を据えることによって東照大権現への「権威化」を企図したという見方もあるが、「権威」へと短絡的に結ぶのではなく、当時の余剰親王処遇という側面も含め、再検討の余地があろう。

公　家⑤

公家というと、お歯黒をして白塗りをして、なんでも「～おじゃる」と言っているイメージ以外なかなか思い浮かばないというのが、一般的な認識なのかもしれない。公家とは大きく分けてふたつの階層に分類できる。ひとつは堂上公家、もうひとつは地下官人である。このふたつの階層は天皇が日常生活をする清涼殿《せいりようでん》に入れるか、入れないかという差があり、役割も大きく異なるが、排他性を持っているという点で同じ括《くく》りにできるであろう。堂上公家は幕末の慶応二年（一八六六）の『年々改正雲上《うんじよう》明覧大全《めいらんたいぜん》』という公家諸家の名鑑によれば、摂関家以下一三七家を数えた。

一方、地下官人は延享五年（一七四八）には四二九名、元治元年（一八六四）には一〇九〇名に膨れ上がっていた。堂上公家と地下官人については本書の中心となる点であるので、のちに改めて述べたい。

禁裏付・口向役人⑥　禁裏付とは、朝廷内の警護はもちろん、経理を管理した役職で、幕府の旗《はた》本《もと》が派遣された。口向役人とは、その下にあって実際の経理・料理・営繕《えいぜん》などを担った人びとである。このなかでも、特に本書と関係する料理にたずさわった口向役人についてはのちに触れる。

その他⑦　例えば、御所の雑用を担った非蔵人《ひくろうど》という存在がいる。「御所の雑用」とは、十七世紀後半に成立した『有職袖中抄《ゆうそくしゆうちゆうしよう》』という有職故実書によると、「殿上ノ掃除等ヲナシ、或ハ殿上人ニテ大臣ニツカハル、役也」と記されているように、清涼殿などの掃除や「大臣」（ここでは、公卿《くぎよう》のことを指すものと思われる）の召使い的な役割を果たしたことがうかがえる。非蔵人は京都の神社（松尾社・上賀茂《かみがも》社・下鴨《しもがも》社・伏見社など）の社家《しやけ》を中心とした人びとで、幕末維新期に岩倉具視《いわくらともみ》の腹心として活躍した松尾相永《まつおすけなが》も非蔵人であった。

堂上公家と公家家職

堂上公家の家々

次に、前の節で見た堂上公家について述べてみたい。すでに述べたように、堂上公家は幕末の慶応二年（一八六六）に、摂関家以下一三七家を数えたが、それらはどのような家々であったのであろうか。堂上公家は家の格式ごとに摂関《せっかん》家（五家）・清華《せいが》家（九家）・大臣《だいじん》家（三家）・羽林《うりん》家（六六家）・名家《めいけ》（二八家）・半家《はんけ》（二六家）に分かれており、それぞれに昇進のスピードも異なっていた。

例えば、最後の元老西園寺公望《さいおんじきんもち》は摂関家に次ぐ清華家という家格の高い家であったため、文久元年（一八六一）にわずか一五歳で従三位《じゅさんみ》に昇進し、公卿となっている。一方、維新の立役者である岩倉具視の父具慶《ともやす》の場合は羽林家で、嘉永三年（一八五〇）に四四歳でようやく従三位に昇進した。まして、家によっては従三位に昇進することが稀な家もあった。

同じ堂上公家といっても大きな差があることがうかがえよう。

では、摂関家を除いて、堂上公家はどのような人物（家）の末裔なのだろうか。江戸時代の公家鑑《くげかがみ》（天皇・親王・門跡・堂上公家などの名鑑）には一族ごとに分類されているので（「〇〇家系」などと記されている）、それに従って概観してみよう。最初に藤原鎌足《ふじわらのかまたり》の末裔たち藤原家のうち摂関家と近い一族、①閑院家系、②花山院家《かさんのいんけ》系、③中御門家系、④御《み》子左家《ひだりけ》系と、その他の藤原氏、すなわち⑤日野家《ひのけ》系、⑥勧修寺家系、⑦四条家系、⑧水《み》無瀬家《なせけ》系、⑨高倉家系、から見ていく。次に源氏、⑩村上源家系、⑪宇多《うだ》源家系、⑫花山源家系、⑬清和《せいわ》源家系、について触れたのち、他の氏族、⑭菅原家系、⑮平家系、⑯清原《きよはら》家系、⑰その他（安倍家系二家・大中臣家《おおなかとみけ》系一家・卜部家《うらべけ》系四家・丹波家系一家・大江家系二家）を見たい。

藤原鎌足の末裔たち―閑院家系①

堂上公家のなかでも最も一族が多いのが、太政大臣藤原公季《ふじわらのきんすえ》の末裔である。藤原公季とは、閑院公季とも称し、右大臣藤原師輔《もろすけ》の一一男である。なお、右大臣藤原師輔の三男が御堂関白藤原道長の父・関白兼家《かねいえ》であり、公季と道長とは叔父・甥の関係であった。太政大臣藤原公季を祖とする堂上公家を閑院流と称するが、清華家のうち三条・西園寺・徳大寺・今出川《いまでがわ》（菊亭《きくてい》）家の四家が分立し、大臣家のうち三条西・正親町三条《おおぎまちさんじょう》の二家が分立した。その他、二三家を数える。維新の元勲三条実美《さんじょうさねとみ》や室町時代の文化人三条西実隆《さんじょうにしさねたか》、『友情』などで有名な白樺《しらかば》派の小説家武者小路実篤《むしゃのこうじさねあつ》はいずれもこの系統である。

花山院家系②　清華家のうち、花山院・大炊御門《おおいみかど》家は、ともに関白藤原師実《もろざね》（御堂関白藤原道長の孫）の子息に始まり、これを花山院流と称した。堂上公家として、花山院・大炊御門家以外に五家を数える。明治天皇の外祖父中山忠能《なかやまただやす》はこの系統である。

中御門家系③　御堂関白藤原道長の息子・右大臣頼宗《よりむね》を祖とする家で、九家を数える。頼宗は道長の正室の子どもでなかったため、出世が遅く、関白にはなれなかった。

御子左家系④　御堂関白藤原道長の息子・権大納言長家《ながいえ》を祖とする家。歌人藤原定家《ていか》はこの末裔であり、現在まで時雨亭文庫《しぐれていぶんこ》として続く。四家が成立した。昭和天皇の侍従長として膨大な日記を遺した入江相政《いりえすけまさ》は、この系統である。

以上が摂関家より成立した堂上公家だが、その他、江戸時代に至って、関白一条昭良《いちじょうあきよし》の二男冬基《ふゆもと》が新しく醍醐《だいご》家を成立させ、清華家のひとつとなった。したがって、摂関家より分かれた堂上公家、すなわち藤原師輔の末裔から成立した堂上公家は五三家に及ぶ。

その他の藤原氏
―日野家系⑤

次にその他の藤原氏を見てみよう。摂政関白を輩出した藤原氏の中興《ちゅうこう》の祖ともいうべき人物に藤原冬嗣《ふゆつぐ》を挙げることができる。高校の教科書などにも記載されているように、藤原冬嗣とは、嵯峨《さが》天皇の側近として蔵人所《くろうどどころ》のトップである蔵人頭《くろうどのとう》に就任した後、朝廷内で重きを成していき、最終的には左大臣まで昇り、死後、正一位と太政大臣を贈られた人物である。

この藤原冬嗣は右大臣藤原内麻呂《うちまろ》の二男であるが、長兄に藤原真夏《まなつ》がいた。この真夏を祖とする系統が日野家系である。真夏は参議まで昇るが、大同五年（八一〇）の薬子《くすこ》の変《へん》に連座し、備中権守に左遷されてしまう。もし、ここで真夏が左遷されていなかったら、その後の藤原氏の展開も別のものとなっていたかもしれない。日野家系は一二家が成立しているが、江戸時代に至ると武家伝奏を多く輩出し、朝廷運営に重要な役割を果たした。

勧修寺家系⑥

⑤の日野家で述べた藤原冬嗣には多くの子息がいた。そのうち、二男良房《よしふさ》が人臣として最初の摂政となった人物で、六男良門《よしかど》が勧修寺家系の祖である。良門は早世したため、どのような人物であったか伝わっておらず、位階も六位止まりであった。しかし、良門の息子高藤《たかふじ》が醍醐天皇の外祖父となり、内大臣にまで昇った。やがて勧修寺家系は一三家が成立する。江戸時代には、日野家系と同様に多くの武家伝奏が勧修寺家系から誕生した。

四条家系⑦

本書の主人公たる四条家については後にくわしく述べるため、ここでは割愛する。

水無瀬家系⑧

御堂関白藤原道長の甥隆家《たかいえ》を祖とする。父は関白藤原道隆《みちたか》。長徳二年（九九六）、当時権中納言であった隆家は出雲権守《いずものごんのかみ》に左遷となった。理由は、兄の内大臣伊周《これちか》と謀って、花山上皇に矢を射かけたという罪状による。二年後に帰京し、後に大宰権帥《だざいのごんのそち》として大宰府にいた折、いわゆる「刀伊《とい》の入寇《にゅうこう》」の軍功などが目覚ましかったとされるが、朝廷での官職は正二位中納言止まりであった。その末裔として、水無瀬家系五家が成立した。

高倉家系⑨

⑤の日野家で述べた藤原冬嗣の長男中納言藤原長良《ながよし》を祖とする。長良以降、代々あまり官位が進まず、やがては公卿になることもなくなっていったが、南北朝時代の高倉永季《たかくらながすえ》に至って衣紋道《えもんどう》（装束に関する有職故実）に通じていたことで累進し、参議に至っている。このような展開は院政期に入木道《じゅぼくどう》をもって公卿化した世《せ》尊寺《そんじ》家（戦国時代に廃絶）など、「芸能の家」のひとつの形態である。江戸時代に至り、二家が分家し、高倉家系は三家となった。

その他、富小路家《とみのこうじけ》は鎌倉時代後期の関白二条道平《にじょうみちひら》より分かれたとしている。しかし、十五世紀後半、富小路家は蓄財によって門跡や公家たちと接点を持つようになり、関白九《く》条政基《じょうまさもと》の承認を経て、二条家との系譜をつなげたようである。当時、異国から来た人物で父祖は不明であると公家たちの間で噂されていた〔苗代田敏明―一九九一年〕。

堂上公家の源氏―

次に源氏を見てみよう。通常、「源氏」という名称が用いられているが、公家鑑では「源家」と記されているので、その書き方に準じる。

村上源家系⑩

村上源家系は、「天暦《てんりゃく》の治」として名高い村上《むらかみ》天皇の第九皇子具平《ともひら》親王を祖とする。具平親王の息子師房《もろふさ》が源姓を名乗ることとなり、村上源氏が成立した。師房の妻は藤原道長の姫であり、また、二人の姉が道長の子どもに嫁いでいることから、摂関家と非常に濃い縁戚関係が結ばれていた。このことが後の興隆につながったのであろう。本家である久我家は清華家として生き残り、その分家中院家《なかのいんけ》も大臣家のひとつとなった。村上源氏系は一〇家に及び、岩倉具視も久我家の分家にあたる。

宇多源家系⑪

⑩で述べた村上天皇の祖父は宇多天皇で、その宇多天皇の皇子敦実《あつみ》親王を祖とする。敦実親王の子どもが源姓を名乗ることとなり、宇多源氏が成立した。一族は五家に及んだ。

花山源家系⑫

花山天皇は⑩で述べた村上天皇の孫である。花山天皇の孫延信王《のぶざねおう》が源姓となり、以後代々、神祇伯《じんぎはく》（神祇官の長官）を務めることとなった。

のちに「白川」と称するものの、「〇〇王」と名乗ることが認められており、伯王家《はくおうけ》とも呼ばれた。「王」を名乗るのは中世以降、白川家のみである。明治維新後、「王」の呼称は親王の子どもに限られたため、白川家は「王」を名乗ることができなくなった。なお、分家はなく、花山源氏系は白川家のみである。

清和源家系⑬

清和天皇は⑪宇多天皇の従兄弟で、九世紀後半に在位した天皇である。清和源氏といえば、源頼朝らを輩出する武門の棟梁《とうりよう》として著名だが、清和源氏の流れを汲む堂上公家が一家だけ存在する。それが竹内家であり、甲斐の戦国大名武田家の祖である新羅三郎義光《しんらさぶろうよしみつ》の息子平賀冠者盛義《ひらがかじやもりよし》の末裔である。平賀家は鎌倉幕府成立後、六ヵ国の守護に任じられるが、承久《じようきゆう》の乱《らん》に後鳥羽《ごとば》上皇方に与したため没落し、後に久我家諸大夫となり、戦国時代に堂上公家に取り立てられた。

その他、清華家の広幡《ひろはた》家は前節の親王家のところで述べた八条宮智仁親王の息子忠幸《ただゆき》を祖とする。もともと、忠幸は徳川義直《とくがわよしなお》（家康の息子で尾張藩主）の長女と結婚後、尾張で生活をしていたが、のちに帰京して源姓となった。

他の氏族―菅原家系⑭

次に、他の氏族を見てみよう。まず、学問の神様である「天神さま」こと菅原道真の末裔から六家の堂上公家が成立している。宇多天皇などに重用され右大臣まで登った道真だが、藤原時平《ときひら》との政争に巻き込まれ、大宰府へと配流されてしまう（実際には閑職である大宰権帥に任じられた）。その際、子息も各地へと配流となった。しかし、道真の死後、時平の死、皇太子の死をはじめとして、天災が相次いだ。そこで、朝廷は道真を神として祀り、子孫を朝廷の官職に戻した。その末裔が堂上公家として脈々と続いたのであった。いずれの家も道真の末裔らしく紀伝道《きでんどう》（歴史や漢文などの学問）を家職とし、すでに述べたように、改元の際、新元号案を提示する年号勘者を務めた。

平家系⑮　平家といえば、武士で初めて太政大臣に昇進した平清盛《たいらのきよもり》や源平合戦を思い起こすであろう。清盛とその一族の平家は桓武《かんむ》天皇の皇子葛原《かつらはら》親王の子息である高見王《たかみおう》に始まる（実際に平姓を名乗るようになったのは、高見王の息子高望王《たかもちおう》）。しかし、江戸時代に堂上公家となったのは高見王の兄高棟王《たかむねおう》の末裔である。清盛の正室（二位尼《にいのあま》平時子）の弟権大納言平時忠はこの家に該当する。源平合戦後、時忠は流罪《るざい》となってしまうが、弟や叔父の系統は源平合戦で平家に与《くみ》せず、江戸時代に至り堂上公家として五家が成立した。

清原家系⑯　天武天皇の皇子舎人《とねり》親王の末裔で、歌人である清原元輔《もとすけ》や清少納言などを輩出したことで有名な清原家であるが、江戸時代に堂上公家が三家存在した（舎人親王の末裔でない可能性も高い）。⑭菅原家が紀伝道の家柄であったのに対し、清原家は明経道《みょうぎょうどう》（儒学）を家職とした。江戸時代には天皇に対して儒学の書物を教える侍講《じこう》を務めている。

その他⑰

安倍家系二家（古代豪族阿倍家で、陰陽師安倍晴明の末裔）、大中臣家系一家（藤原鎌足の甥中臣《なかとみの》意美麻呂《おみまろ》の末裔で、伊勢祭主）、卜部家系四家（中臣家の一族と称した吉田神社神職）、丹波家系一家（典薬頭《てんやくのかみ》を世襲で務める医者の家）、大江家系一家（六位蔵人の家。分家を含め二家とも）が堂上公家として江戸時代に存在した。

このように見てみると、堂上公家の七割近くが藤原家出身であり、いかに藤原家が多いかがわかるであろう。他方、古代豪族として名を馳せた蘇我《そが》・物部《もののべ》・大伴《おおとも》・紀《き》・橘《たちばな》などの家は江戸時代の堂上公家から姿を消している。

堂上公家の役割

次に堂上公家の役割について見てみよう。それは三点にまとめられる。

第一に、禁裏小番《きんりこばん》である。摂関家や武家伝奏などを除いて、すべての堂上公家は禁中への出仕《しゅっし》と宿直《とのい》が命じられていた。宿直する者として、北面と呼ばれる地下官人や前節で紹介した非蔵人たちがいるが、「禁裏小番」という名称で天皇の近くに侍《はべ》ったのは堂上公家のみである。本田慧子氏による研究から「禁裏小番」を概観してみよう。「禁裏小番」には近習番《きんじゅうばん》・内々番《ないないばん》・外様番《とざまばん》があって、それぞれ天皇との距離の近さが異なっていた。内々番と外様番は後土御門《ごつちみかど》天皇の在位中（一四六四〜一五〇〇）に分かれたようである。江戸時代末には、それぞれの番を務める家は固定されたようだが、江戸時代の早い段階までは流動的であった。一方、近習番は内々番よりもより天皇に近い存在であり、寛文三年（一六六三）に後水尾上皇が幼少の霊元天皇の近臣として設置したことによる。当時、内々番のなかに放埒な堂上公家がおり、その所業が目に余ったための設置であると本田氏は評価する〔本田慧子―一九八九年〕。

第二に、朝廷儀式の運営と参仕である。例えば、安永九年（一七八〇）に執り行なわれた光格天皇の即位礼を事例に挙げてみたい。即位礼とは、新天皇が即位した旨を人びとと天帝に告げる儀式である。この時の即位礼を取り仕切ったのが権大納言広橋伊光（即位伝奏）と蔵人頭中山忠尹《なかやまただまさ》（即位奉行）、当日の儀式において形式的に差配を行なったのが左大臣鷹司輔平《たかつかさすけひら》（内弁《ないべん》）、脇で儀式を形式的に差配したのが権大納言徳大寺実祖《とくだいじさねみ》・権大納言今《いま》出川実種《でがわさねたね》・権中納言下冷泉為栄《れいぜいためひで》・権中納言滋野井冬泰《しげのいふゆやす》・参議日野資矩《ひのすけのり》・参議勧修寺経逸《かじゅうじつねはや》であった（外弁《げべん》）。その他、一七名の堂上公家が参加し、さまざまな所作を行なっている。それらは擬侍従《ぎじじゅう》・宣命使《せんみょうし》・左近衛府大将代《さこのえふたいしょうだい》などといった即位礼固有の役割であり、堂上公家以外、誰も務めることができなかった。このように堂上公家はその官職に応じた役割を朝廷儀式で行なうこととなり、その役割に応じた収入を得る。その収入を下行《げぎょう》と称し、多くの朝廷儀式の場合、二条城の蔵にて米を支給された（実際には、換銀）。

第三に、家職である。家職は史料上では「家業」と記されることが多い。その意味は家の職業のことだが、公家で用いる場合は、①朝廷内部の役割・家格として継承する家職、②学芸・学問としての技能継承する家職の意に用いられる。

①は摂家・清華家・大臣家・羽林家・名家・半家に分別できる。例えば、摂家としての役割という家職＝摂政・関白に任じられて朝廷運営を担うという家職。例えば、名家としての役割という家職＝弁官・蔵人に任じられて朝廷運営を担うという家職であった。また、四辻家（閑院家流）という公家の場合、①は羽林家であるが、②については表1の27に記されているように、琴・神楽・郢曲《えいきょく》・和琴・箏を家職とした。これは羽林家の役割・家格で、琴・神楽・郢曲・和琴・箏の技能を継承したことを意味する。本書の課題となるのは、②の家職であるのでもう少し詳しく述べたい。

堂上公家と家職

豊臣政権において、堂上公家の家職が設定された。文禄二年（一五九三）二月のことである。すでに、研究史上明らかにされているように、この時決められた家職とは、関白豊臣秀次が後陽成天皇に上奏し、それを受けて天皇の勅命として出されたものである。これが表1の「諸家々業御沙汰覚（文禄2）」の欄に記されたものである（既述の②についてのみ。ただし、①の家職ではあるが本論と関わるため1白川家の伯と2藤波家の祭主のみ入れた）。笛・儒道・歌道・鞠・神楽・郢曲・琴・琵琶・和

表1　堂上公家家職一覧

	家名	諸家々業御沙汰覚（文禄2）	諸家家業（寛文8）	諸家家業記（文化11）
1	白川	伯・笛	神祇伯	神祇道
2	藤波	祭主	―	神祇道
3	吉田	―	神祇伯	神祇道
4	土御門	―	陰陽道	陰陽道
5	高辻	―	文章博士	紀伝道
6	東坊城	儒道	文章博士	紀伝道
7	五条	儒道	文章博士	紀伝道・（相撲）
8	唐橋	儒道	―	紀伝道
9	日野	儒道	―	―
10	勧修寺	儒道	―	―
11	柳原	儒道	―	―
12	広橋	儒道	―	―
13	万里小路	儒道	―	―
14	葉室	儒道	―	―
15	中御門	儒道	―	―
16	甘露寺	儒道	笛	―
17	桑原	―	―	紀伝道
18	清岡	―	―	紀伝道
19	舟橋	―	明経	明経道

20	冷泉	歌道	和歌・蹴鞠	和歌
21	飛鳥井	歌道・鞠	和歌・蹴鞠	和歌
22	烏丸	儒道	儒学	和歌
23	中院	—	—	和歌
24	三条西	歌道	和歌	和歌・(香)
25	持明院	神楽・郢曲	能書・神楽	筆道・神楽郢曲・鷹
26	綾小路	—	神楽・琵琶・箏・笛・篳篥・蹴鞠	神楽郢曲
27	四辻	琴・神楽・郢曲	神楽・和琴・箏	和琴・箏
28	西園寺	琵琶	琵琶	琵琶・鷹
29	今出川	—	琵琶	琵琶
30	花園	—	—	琵琶
31	難波	—	蹴鞠	蹴鞠
32	高倉	琴・神楽	装束	装束
33	山科	琴・神楽	装束・笙	装束
34	中山	—	—	(剣璽)
35	庭田	琴	神楽	(剣璽)
36	四条	—	笙	(庖丁)
37	錦小路	—	—	(医道)
38	伏原	—	—	(卜筮)
39	山井	—	—	(鞍)
40	園	琵琶・鞠	琵琶	(立花)
41	菊亭	琵琶	—	—

42	大炊御門	和琴	和琴・笛・装束	―
43	松木	笙	笙	―
44	五辻	笛・神楽・郢曲	神楽	―
45	二条	―	和歌	―
46	清水谷	―	能書・笙	―
47	鷲尾	―	神楽	―
48	藪内	―	神楽・箏	―
49	滋野井	―	神楽	―
50	正親町	―	箏	―
51	徳大寺	―	笛	―
52	久我	―	笛	―
53	三条	―	笛・装束	―
54	橋本	―	笛	―
55	花山院	―	笙	―

「諸家々業御沙汰覚」は橋本政宣『近世公家社会の研究』（吉川弘文館、二〇〇二年）四二五～四三〇頁。
（　）は「諸家家業記」（文化11）附録に掲載されている家職。

琴・笙が記されている。注目すべきは本書で語る四条家の庖丁道が「諸家々業御沙汰覚（文禄2）」と「諸家家業（寛文8）」に記されていない点であろう。さらに興味深いことに「諸家家業」において笙のところに四条家（36）が記されている（ただし、文禄二年段階では記されていない)。『有職袖中抄』という近世前期に編纂された書物にも笙として書かれている。もちろん、笙とは雅楽で用いる管弦楽器のことであり、料理や庖丁道とは関係がない。つまり、公家家職を記した諸書を紐解くと、四条家の家職が庖丁道でなかったか、庖丁道が公家家職として認められていなかったことを示すと評価できよう(文化十一年成立の「諸家家業記」の記述については後述したい)。

それでは、庖丁道は公家家職ではなかったのだろうか。本書冒頭でも述べたように、継承していたのは四条家ではなく、高橋家・大隅家《おおすみけ》という公家であった。では、高橋家・大隅家とはどのような家であったのか。それについて述べる前提として、高橋家・大隅家が属した地下官人という社会集団について触れておこう。

地下官人とは何か

地下官人の概要

地下官人の「地下」とは何か。「地下」とは朝廷で働く下級官人の名称であり、内裏の清涼殿《せいりようでん》へ上がることを許されない階層のことである。「地下」に対し、内裏の清涼殿へ上がることができる階層が前に述べた堂上である。江戸時代の場合、朝廷儀式においてさまざまな活動をした。なかには儀式の差配を行なったり、天皇が座る高御座《たかみくら》建設を掌《つかさど》った地下官人もいるが、他方、儀式における門扉の開閉を行なうだけとか、他の地下官人の後方をついて行くだけという者もいた。

古代の律令体制以来、二官八省一台五衛府《にかんはつしょういちだいごえふ》と称される役所の体系が形成される。二官とは太政官《だいじょうかん》・神祇官《じんぎかん》、八省とは中務省《なかつかさしょう》・式部省《しきぶしょう》・治部省《じぶしょう》・民部省《みんぶしょう》・兵部省《ひょうぶしょう》・刑部省《ぎょうぶしょう》・大蔵省《おおくらしょう》・宮内省《くないしょう》、一台とは弾正台《だんじょうだい》、五衛府とは衛門府《えもんふ》・衛士府《えじふ》（左衛士府と右衛士府）・兵衛府《ひょうえふ》（左兵衛府・右兵衛府）のこと。現在の文部科学省や厚生労働省の「省」という語は古代以来の役所の名称に由来している。それぞれの役所についての説明は繁雑となるので、ここでは八省のひとつである大蔵省を事例として古代から近世までの役所の変化を駆け足で追ってみたい。

大蔵省は諸国からの貢納物を管理した役所で、その名称は平成の行政改革まで残存した。二〇〇一年以降に財務省となる。律令体制下の大蔵省は長官である大蔵卿《おおくらきょう》、次官の大蔵《おおくらの》大輔《たいふ》・大蔵少輔《おおくらしょう》などがおり、最も下級の官人として、史生《ししょう》や蔵部《くらべ》といった者がいた。大蔵省が管轄する部署として、典鋳司《いもじのつかさ》（金・銀・銅などの鋳造《ちゅうぞう》）・掃部司《かにもりのつかさ》（朝廷儀式の敷設）・漆部司《ぬりべのつかさ》（漆《うるし》の管理）・縫部司《ぬいべのつかさ》（支給する衣服の縫製）・織部司《おりべのつかさ》（織物管理）などがあり、多くの役人を抱えていた。しかし、十世紀から十一世紀以降、特定の氏族が特定の官職・官庁を世襲で勤め、運営するようになる。大蔵省の場合、貢納物を管理する役所としての意味合いは変化する。中世に至り、朝廷の財政が幕府によって担われるようになっても、資金調達の事務的な活動を行なう役所となった。十三世紀後半以降、大蔵省の役割は紀朝臣《きのあそん》が世襲で勤めるようになる。そして、江戸時代に至って、紀朝臣の末裔であると称した堀川《ほりかわ》家が担ったのであった。江戸時代において、大蔵省長官である大蔵卿に任じられる堂上公家はいたものの、大蔵省の役割はすべて堀川家が勤めた。古代以来のさまざまな官職・官庁の多くが役割を変化させるが、その役割を堀川家のような地下官人が一手に担ったのである。

地下官人の組織について、簡単に述べることはできないし、本書の主たる課題ではない。詳細を知りたい読者は、拙著『近世朝廷社会と地下官人』や『身分的周縁と近世社会8　朝廷をとりまく人びと』所収の「地下官人」をご参照いただきたいので、ここでは本書の課題に従って二点に絞って話を進めよう。①地下官人は江戸時代の社会のなかでどのような人びと（身分など）であったのか、②そのような地下官人集団のなかにあって、庖丁道を継承したと言われる高橋家・大隅家とはどのような家であったのか、の二点である。

地下官人とはどのような人びとか

地下官人は江戸時代の社会のなかでどのような人びと（身分など）であったのか。地下官人の系譜資料として、『地下家伝《じげかでん》』という書物がある。江戸時代の後期、下北面《かほくめん》という地下官人であった三上景《みかみかげ》文《ふみ》という人物が編纂した書物である。現在、国会図書館や東京大学史料編纂所などに写本が所蔵されており、また、刊行本としても販売されている。そのうち、巻二～四は外記方《げきかた》と称された地下官人の集団であり、この集団を事例にどのような身分の人びとであったかを検討したい。

『地下家伝』によると、外記方地下官人として掲載されている家は六二家に及ぶ。そのなかで最も格式が高く、位階も三位まで昇進した（地下官人であるにもかかわらず公卿となることを意味する）のが、大外記《だいげき》押小路家《おしのこうじけ》である。大外記とは、「恒例・臨時ノ公事着陣等ノ事ヲ奉行ス」（宮内庁書陵部蔵『禁中行事記聞』。江戸時代の朝廷の様相を記した明治時代の編纂物）と記されているように、さまざまな朝廷儀式を差配する役割。先例を掌って、諸文書の発給に関わったり、諸儀式の管理を行なった官職であり、実務官人として、文筆の才に長けた人物が任じられた。押小路家とは、堂上公家にも存在するが、その家とは関係がなく、安寧《あんねい》天皇（第三代天皇といわれている伝説上の人物）の第三皇子磯城津《しきつ》彦命《ひこのみこと》の末裔であると称した十市宿禰《とおちのすくね》家を祖とする。やがて、大外記を世襲で勤めることとなり、江戸時代に至った古代以来の名門の公家である。そのため、江戸時代の朝廷では、官務壬《かんむみ》生家《ぶけ》・出納平田家《すいのうひらたけ》とともに、「地下官人之棟梁」と称され、「破格」の七六石もの領地を将軍から知行地として与えられていた。七六石という知行高に対して「破格」というのもいささか奇妙に感じるかもしれないが、地下官人最大の知行高は随身土山家《ずいじんつちやまけ》の一二五石、第二位が官務壬生家の一〇〇石であることを考えると、「破格」という表現はあながち間違いではあるまい。一〇石以上の地下官人は稀だし、そもそも知行地を与えられている地下官人も多いのだから。

　外記方地下官人残り六一家のうち、大外記押小路家と同様、古代以来の家はどのくらいあるか。実は、古代・中世以来、脈々と続いている外記方地下官人は、押小路家を除くと、わずかに五家に過ぎず、しかも、それらの家ですら系譜上追えるだけで、実際は不明な点が多い。次にそれらを見てみよう。

上召使《うえのめしつかい》（儀式の主担当者である堂上公家に従う役割）青木家は宗岡包延《むなおかかねのぶ》という人物を祖としており、久安年間（一一四五〜五〇）に「奉仕」したと記されている。なお、この宗岡氏は遠く遡ると、蘇我馬子《そがのうまこ》へとつながる家であると考えられる（無論、不明な点が多く、確証はない）。大舎人寮《おおとねりりょう》（儀式の際の御所の門扉開閉）永井家は弘治元年（一五五五）に死亡した藤井康重《ふじいやすしげ》を祖とする。大膳職《だいぜんしき》兼大炊寮《おおいりょう》（神膳の供進《きょうしん》）徳岡家は小野時重《おのときしげ》という人物を祖としており、暦応元年（一三三八）に「大膳職領摂津国木器保《せつつのくにこうづきほ》下司庁」に補任された。摂津国木器保とは、現在の兵庫県三田市《さんだし》木器のことで、大膳職の領地があり、小野時重がこの地の役人を務めたことに発する。小野氏といえば、小野妹子や小野小町に連なる古代豪族の末裔。兵庫寮《ひょうごりょう》（伊勢神宮へ参向《さんこう》）河越家は正三位清原良雄（堂上公家舟橋家の祖）二男教重《のりしげ》が天文十八年（一五四九）に補された。賛者（即位礼参勤）八木家は薄以継《すすきゆきつぐ》の男定基《さだもと》を祖としており、天正十四年（一五八六）に補任された。薄以継は橘諸兄《たちばなのもろえ》以来の橘氏最後の堂上公家である。

すなわち、古代・中世以来の地下官人である家は非常に少なかった（しかも、その由緒にはいろいろと疑問点が多い)。江戸時代の史料によれば、このような家は「きう家(=旧家)」と称されている(「御厨子所《みずしどころ》預《あずかり》日記《にっき》抄《しょう》」慶応義塾大学図書館魚菜文庫《ぎょさいぶんこ》蔵御厨子所預高橋家記録類)。では、その他の地下官人はどのような人びとなのであろうか。先に挙げた押小路家を除く古代・中世以来の五家も含め、外記方のほぼ半数ほどが「並官人《なみかんじん》」という名称で呼ばれた家々であった。並官人は世襲で地下官人を勤め、位階も五位まで進む(四位まで進む場合もあり)。少額だが知行地を与えられている家もある。江戸時代の並官人は先ほど挙げた六家を除いて、すべて江戸時代に取り立てられた家である。例えば、儀式における筵《むしろ》の調進などを行なった掃部寮の場合、上召使青木家が世襲で勤めていたが、江戸時代に至って、大外記押小路家雑掌《ざつしょう》の清水家が勤めるようになった。少外記山口家の場合、もともとは山城国《やましろ》葛野《かどの》郡川嶋村(現在の京都市西京区)郷士であったが、元和七年(一六二一)に取り立てられた。左馬寮《さまのりょう》大嶋家は彦根《ひこね》藩家中柴田常久の息子が正徳六年(一七一六)に取り立てられた。

並官人が全体の半数であるとすると、もう半分はどのような人びとか。それは「下官《げかん》人《じん》」と称された無位や七位(一部、六位に昇進する者あり。また、幕末には八位もあり)といった、低い位階の地下官人であり、彼らは京都周辺の百姓・町人たちであった。元地下官人であった下橋敬長《しもはしゆきおさ》(一条家六位侍)という人物が回想した『幕末の宮廷』によれば、魚屋・傘屋・小間物屋《こまもの》などの商人が下官人であったと述べられている。幕末最末期の様相であると同時に、かなりの間違いを含んでいるため、あまり資料としては用いることができないが、興味深い記述であろう。実際、筆者が研究した内膳司《ないぜんし》の場合、下官人として、史生《しょう》・膳部《かしわでべ》という役職の者が存在した。例えば、膳部須藤往吉は西陣《にしじん》の織屋《おりや》、膳部木田康長は町方の医者、史生射場重俊は南山城の郷士《ごうし》であった。京都・山城だけではない。史生北川忠久は近江《おうみ》国多賀社（現在の多賀大社《たがたいしゃ》）禰宜《ねぎ》の家柄。史生豊吉貞尚は美濃《みの》国方県《かたがた》郡岩利《いわり》村（現在の岐阜市内）郷士の家柄であった。彼らは「壱人弐名」と称されるように、百姓・町人としての名前と地下官人としての名前のふたつを持っていた。つまり、町人として「〇〇屋〇〇兵衛」と普段は名乗っている者が、いざ、朝廷儀式が開催されて、厳めしい装束を着して、内裏へといそいそと進む時の名前は「従七位上伊豆目藤原朝臣須藤往吉」となるのであった。

庖丁道を継承した地下官人

そのような地下官人集団のなかにあって、庖丁道を継承したといわれる高橋家・大隅家とはどのような家であったのか。またも『地下家伝』を紐解いてみよう。

高橋家の初代は宗成《むねしげ》という人物で、「紀長谷雄《きのはせお》卿六世孫」と記されており、康平二年（一〇五九）に御厨子所預・小預《こあずかり》に補任されている。先祖にあたる紀長谷雄は永青《えいせい》文庫に所蔵されている『長谷雄草紙《はせおぞうし》』の主人公でも著名な文人政治家。「人はいざ心も知らずふるさとは花ぞ昔の香ににほひける」の『百人一首』で著名な紀貫之《きのつらゆき》の遠い親族にあたる。すでに記したように、外記方地下官人の多くが江戸時代以降の家であったことを考えれば、院政期以来、御厨子所預を勤めている高橋家は特異な家であるといえよう。また、「御厨子所」とは、もともとは朝夕の膳を調進するところであった。さしずめ、「料理長」や「シェフ」といったところであろう（無論、中世の途中から、儀礼用の膳のみを調進する「シェフ」へと役割が変わるのだが）。

一方、大隅家は二家存在する。『地下家伝』によると、御厨子所小預や供御所《くごしょ》預《あずかり》という役職を世襲で勤めた大隅家はもともと堂上公家日野家の分家である藤原有経という人物の息子信豊《のぶとよ》に発する。信豊は正応年間（一二八八～九三）に「供御所預」に補任された。「供御所預」という役職の詳細は不明だが、奥野高広氏の研究によれば、南北朝時代以来、天皇の食事や儀式用の膳の米を炊いたのは大炊寮仕女《つかえめ》であり、献上された米を管轄したのが供御院で、のちに御厨子所預高橋家の妻が担当したことから、「供御所預」とは献上米の管轄などにたずさわった役職と考えられよう〔奥野高広―二〇〇四年〕。なお、供御所預という名はその後も残り、「地下諸役記」という資料によれば、立春などの強供御《こわくご》を調進したようであるが、やがては小預との兼任になっていった。

信豊の末裔である守有《もりあり》は大永年間（一五二一～二八）に供御所預とともに、初めて御厨子所小預に任じられている。いずれにしても、御厨子所預高橋家同様、江戸時代の地下官人にしては非常に古い家柄であることがわかる。なお、「小預」という名称から、ここでは「預」＝料理長、「小預」＝副料理長と単純化しておこう。

そのような「旧家」大隅家も、明和三年（一七六六）、大隅庸言《つねとき》の時代には親類の世話がなくては立ち行かない状態になってしまい、多額の金銭と引き換えに他人へ譲り渡してしまうこととなった（地下官人の場合、「株《かぶ》」として転売される事例が多く見られる）。この直後、庸言は官位を朝廷に返上している。大隅家を相続した人物がどのような身分か、あるいはどのような出身かは不明だが、早くも二年後には病気を理由に実家へ戻ってしまい、再び、庸言が大隅家に戻り、直後に滝口《たきぐち》（地下官人）の粟津《あわづ》家から養子を取っている。滝口とはもともと武芸に秀でて、御所の警備を行なった侍のことだが、この当時は単に朝廷儀式に衣装を着て参加するだけの存在になっている地下官人だ。そして、庸言は新設された御厨子所番衆という役職に就任し、御厨子所小預大隅家・御厨子所番衆大隅家という二家が成立することとなった。

たいへんややこしいが、要するに次のような事態だったものと推測される。大隅家は生活が困窮し、多額の借財を完済するため、地下官人としての一切（官位も、伝来の文書も）を手放したが、トラブルが解決しないまま、相続人が実家へと戻ってしまう（病気は方便だろう）。そこで手を差し伸べたのが粟津家、いや、その背後にいたのは、当時の朝廷のトップである摂政近衛内前《このえうちさき》であった。粟津家は滝口という地下官人であると同時に、近衛家六位侍の家でもあったためだ。摂政近衛内前は粟津家の者を大隅家に相続させるが、元小預の庸言に対しても、「旧家」であることから、御厨子所番衆という職を新設し、就任させたのではなかろうか。なお、翌年には、粟津家から相続した人物は近眼のために退役し、近衛家侍の加治正義が小預となっている点からも、近衛内前の関与をうかがわせる。

以上から、江戸時代の地下官人の多くは江戸時代になって成立した家が多いこと、京都や周辺村落の百姓・町人も多く含まれていたこと、そのなかにあって御厨子所預高橋家・御厨子所小預大隅家は中世以来のたいへん古い「シェフ」の家柄であったことが理解できよう。ここで、単純な疑問。御厨子所預高橋家・御厨子所小預大隅家は儀礼用の膳を調理する「シェフ」であった。どのような「メニュー」であったかは後に触れるが、日常の宮中の食事は誰が調理したのであろうか。そして、その「メニュー」とはどのようなものか。この点について、庖丁道から離れて、章を改めて見てみよう。

宮中の「シェフ」と「メニュー」

宮中の「シェフ」たち

口向役人

宮中における「シェフ」とは口向役人《くちむきやくにん》という集団に属する板元《いたもと》たちのことである。この「口向」という言葉、『日本国語大辞典』には、①台所の方向、②手綱をとった具合、馬の乗心地、と記されている。ここでは①の意味だが、典拠は勢多章甫《せたのりみ》『思いの儘《まま》の記』という近世朝廷を回想した書物のみで、①の意味としての用法は朝廷以外で確認できない。「口」には「のみくい」の意味があり（『大漢和辞典』）、転じて「飲み食いやそれら関係する経費」ということであろう。すでに触れたように、口向役人とは、禁裏付《きんりつき》という旗本《はたもと》の下にあって、朝廷内部の経理・料理・営繕《えいぜん》などを担った人びとである。

また、「口向」とは、朝廷において特定の場所を示す言葉でもあった。『禁中行事記聞』

によると、「口向といわれる場所は、奥の方は御錠口《おじょうぐち》を境として、表の方は御詰面謁所《おつめめんえつしょ》を境とする。北は准后《じゅごう》御殿の御構えに至り、南は塀重門《へいじゅうもん》を限りとする」と記されている。ちょうど50頁の図のあたり（図は上方向が東に該当する）。宜秋門《ぎしゅうもん》をくぐり、すぐ北の塀重門を抜けて、武家玄関から入る。図2では左上に「武家玄関二十一帖（畳）」が描かれており、右上に「板元部ヤ十七帖半」や「板元吟味方部ヤ六帖」が確認できよう。現在でも、宜秋門は一般公開の際にくぐる門として残っているが、残念ながら、現在の京都御所に口向の空間の建物はほとんど残っていない。

「シェフ」の組織と制度

では、板元の組織や制度はどのようになっていたか。「禁中行事記聞」を紐解いてみよう。また、近代の有職故実家《ゆうそくこじつ》である下橋敬長《しもはしゆきおさ》の回想録『幕末の宮廷』は事実誤認が多く、利用する場合十分な史料批判の必要があることはすでに述べたが、板元と彼らが調理したものに関する記述はたいへん詳細である。これは幕末に板元を勤めた福田芳峰《よしたか》と下橋が同じ年齢であり（弘化元年〈一八四四〉生まれ）、親密であったことによる。加えて、下橋が回想録を執筆する段階において唯一生存していた板元でもあった。したがって、板元自身から直接聞いた内容という意味で貴重な史料であり、ここでは、「禁中行事記聞」と『幕末の宮廷』から板元の組織や制度を明らかにしたい。また、口向役人の系譜について記した「御内儀《ごないぎ》侍中《さむらいちゅう》家譜《かふ》」（宮内庁書陵部蔵）も

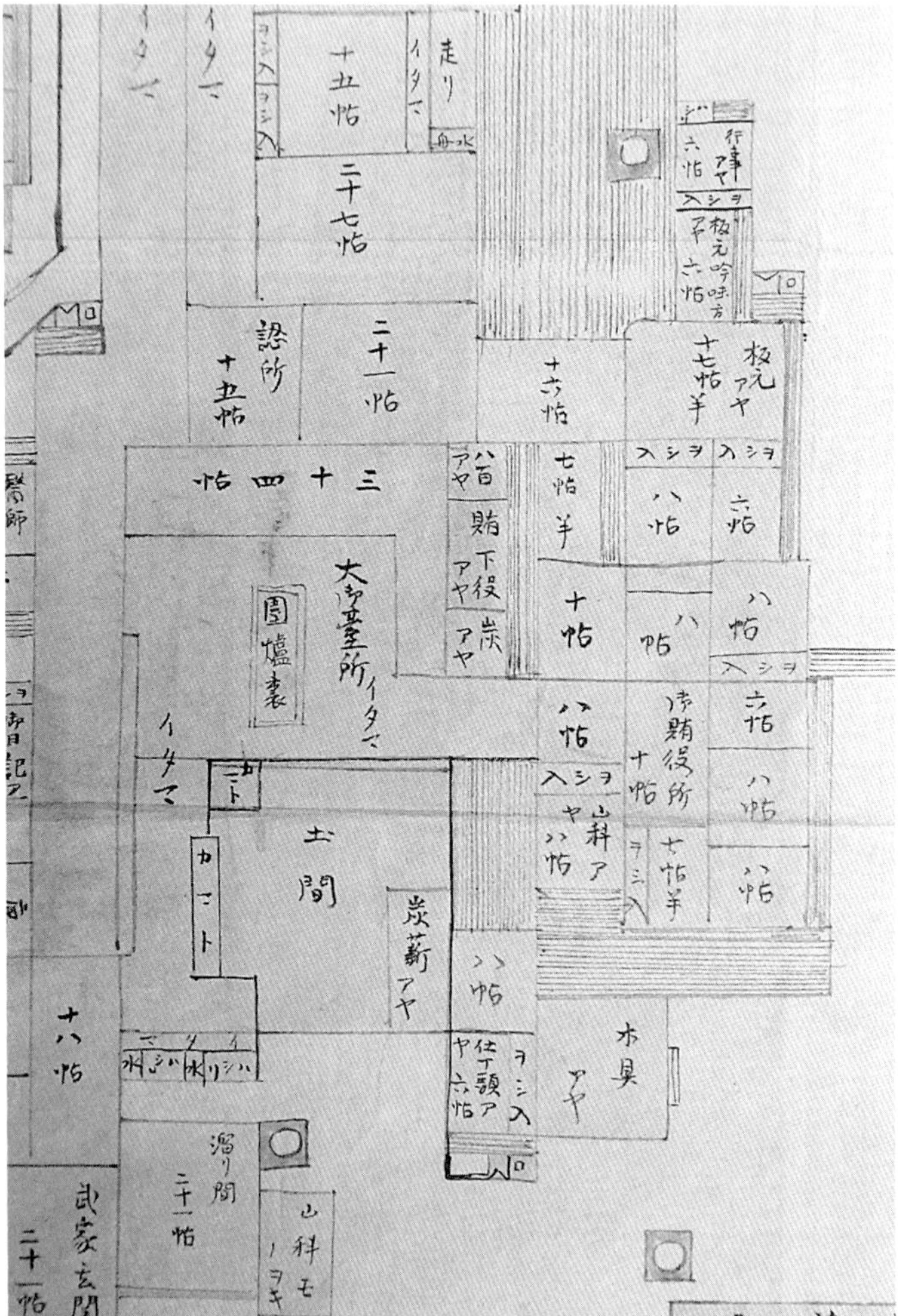

図２　安政内裏略図

合わせて用いる。

まず、板元集団の頭として、板元吟味役《ぎんみやく》という者が三名いて、役料として年間二石ずつ支給されていた（『幕末の宮廷』では三石と記載）。板元吟味役は板元のうち、経歴の長い者から選出されたのであろう。その下の板元がおり、幕末段階、世襲で板元を勤める家が一五家存在した（役料三石）。彼らは幼少の時（大体一二歳くらい）から見習いで出仕していたようである。見習いの板元は魚料理・煮物・ご飯の炊き方まで稽古して、天皇の口に合うよう先輩の板元から教わった。その腕前を下橋敬長は絶賛しているが、実際、近代まで生きた板元福田芳峰について、「今日の御時節で、えらい幸せを得まして、京都の女学校から師範学校、料理屋、そこらへ料理の先生で行きます。午後に行って三十分か四十分教えて、月謝が月に二百円ぐらい入ります」と述べている。福田芳峰の「シェフ」としての腕前が垣間見える一文であるが、江戸時代の板元たちも同様の腕前であったものと思われる。

「シェフ」の家柄

では、その一五家の板元とはどのような家々で、どのような特徴があるのであろうか。「御内儀侍中家譜」に記されたなかでは、寛永三年（一六二六）六月二十日に板元として召し出された早川庄右衛門時次が最も早い。次いで、口向役人の使番であった桑原七兵衛安氏が寛永九年五月二十八日に召し出されている。その後、十七世紀中に、桂藤左衛門尚長（正保三年〈一六四六〉召出）・遠藤久右衛門重正（明暦二年〈一六五六〉閏四月五日召出）・遠藤兵左衛門光忠（天和四年〈一六八四〉二月二十一日召出。遠藤重正孫で別家取立）・小谷直右衛門信忠（元禄四年〈一六九一〉四月十三日小間使。翌年板元見習）・桑原七兵衛安春（元禄七年三月十六日召出。桑原安氏曽孫で別家取立）の計七家が板元として成立した。これらの家がもともとどのような家であったか、なぜ取り立てられたのか、早川庄右衛門時次以前の宮中の「シェフ」は誰であったのかなど、多くの謎があるものの、史料が遺されておらず、判然としないが、ヒントとなる人物がいる。それは、明暦二年に召し出された遠藤久右衛門重正で、堂上公家《とうしようくげ》の園《その》家の家臣であり、霊元《れいげん》天皇が儲君《ちよくん》（天皇の後継者。立太子《りつたいし》していないので、皇太子ではない）の時に板元として召し出された。当時の園家当主である園基福《もとよし》は霊元天皇の伯父であり、後に、天皇の側近として、朝廷運営に大きく関与する議奏《ぎそう》に任じられた人物だ。外戚《がいせき》である人物が自家の料理人の腕前を見込んで、宮中の「シェフ」として抜擢するということは十分に考えられよう。したがって、他の板元についても、堂上公家など朝廷に近い人びとの家において「シェフ」として活躍していた人物を登用したのではなかろうか。

さて、十八世紀に至って、福田万右衛門芳隆（正徳元年〈一七一一〉七月九日相続。父元淳は明正院期以来の口向役人）・桂左膳芳英（延享四年〈一七四七〉四月十三日召出。桂尚長曽

孫で別家取立）・桑原勘右衛門安元（延享四年四月十三日召出。桑原安氏孫・安信の孫で別家取立）が新たに取り立てられ、計一〇家に及んだ。また、延享四年四月十三日に召し出された桂左膳芳英と桑原勘右衛門安元であるが、桜町《さくらまち》天皇から桃園《ももぞの》天皇への譲位直前（五月二日）であり、禁裏御所と仙洞御所《せんとうごしょ》の両方に主が存在することとなったための増員であろう。

安永の御所騒動

さて、延享四年（一七四七）、すなわち十八世紀半ばまでに一五家の板元のうち一〇家が成立した。そして、残りの五家は安永四年（一七七五）八月八日、一斉に成立することとなる。これはいわゆる「安永の御所騒動」によって、多くの口向役人が死罪・流罪・追放されたことによるものだ。「安永の御所騒動」については少し説明が必要であろう〔平井誠二―一九九一年〕。安永二年十月十五日、京都所司代《しょしだい》である土井利里《どいとしさと》の役宅に武家伝奏《てんそう》の堂上公家が呼び出され、町奉行所において口向役人五名の取り調べが行なわれることが告げられた。その罪科は「不埒《ふらち》の趣」「私欲不法の儀」と記されているように、御所の米銀などを勝手に差配したり、着服したりと、要するに、口向役人が中心となった大規模な不正事件の発覚であった。しかし、取り調べを受ける五名は口向役人であると同時に、遠江守・左衛門大志といった官位を持つ地下官人である。官位を有する官人を罪に処するのは憚《はばか》れたのであろう、事前に武家伝奏が取り調べを行ない、罪が明らかとなったなら、「解官《げかん》」（官位を解くこと。本来は官職の停止のみの意だが、ここでは位階の返上も含まれる）とし、牢屋へ入れると伝えている。これを受けて、武家伝奏は関白と相談、即座に「解官」が決定された。その後、多くの口向役人の取り調べも行なわれた。事態を重く見た後桃園天皇や後桜町上皇たちは穏便な処分を願うが、幕府が聞き耳を持つわけがない。ついに、翌安永三年八月二十六日、判決が下された。不正事件の咎めによって、四名の口向役人が死罪、九名が遠島《えんとう》（死罪の者の息子四名を含む）となり、軽い処分の者も含めると三〇〇名の人びとが処罰された。板元でも禁裏御所の板元吟味役三名すべて（早川内膳時如・桑原西市泰尭・遠藤兵右衛門光之）と、仙洞御所の吟味役桑原勘右衛門安元が「洛中外払」＝中追放《ちゅうついほう》の刑に処された。すなわち、安永四年八月八日の板元の新規召し出しは、中追放の人びとの穴を埋めるべく、早川・小谷・遠藤・福田・桂家から子弟や親類が取り立てられることとなったためである（桂家のみ岸と名称を改めている）。いかに幼少の頃から見習いとして働いているとはいえ、ベテランの板元が一斉に追放され、まったくの新人が登用される状況。しかも相手は病弱な後桃園天皇である。彼は安永八年にわずか二一歳で亡くなってしまい、皇位は遠い親戚の兼仁《かねひと》親王へと移るが、ベテラン「シェフ」の大量解雇と新人の大量雇用が死期を早める淵源となった、といってはいい過ぎであろうか。

宮中の食事の経費と「メニュー」

では、江戸時代の天皇はどのような食事をしたのであろうか。ここでも、幕末の宮中にあって「シェフ」を勤めた板元の福田芳峰の聞き書きが詳細に掲載されている『幕末の宮廷』を中心に見てみたい。

天皇の朝食

天皇は起床直後、手を洗い、身支度を整え（二〜三日に一度のお歯黒《はぐろ》を付けるなど）、常《つねの》御殿《ごてん》に移動する。常御殿に着した天皇にすぐさま「御朝《おあさ》」「御朝の餅《もち》」が献上された。「御朝」とは、土器《かわらけ》の上に並べた六つの餅を三方《さんぼう》の上に置き、それを縦横に箸で筋を付けたものである。箸で筋を付ける理由は、天皇に献上する餅なのだから、手で持ったのではなく、清められた箸で持ったというしるしだ。実際には、手で並べたであろうが。「御朝」は川端道喜《かわばたどうき》という菓子商が江戸時代以前より献上していた。川端道喜とは、戦国時代以来、京都において餅や粽《ちまき》を製造・販売していた家。永正九年（一五一二）に洛中洛外の餅屋を支配する京餅座の権利を得ていた。正親町《おおぎまち》天皇の女房であった佐子《すけこ》上臈《じょうろう》局という人物の被官（上級の公家や武士などに従属した侍）として、公事役《くじやく》といわれた税を免除されるなどの特権を有しており、また、信長による禁裏修造《しゅうぞう》などにも関与した〔西田直二郎・柴田実編―一九三七年〕。江戸時代に至ると、その名残として、毎朝の献上は続けられていたようで、実際に天皇が食べることもなくなっていった。献上し、天皇がそれを見て、下げる、という儀礼が朝食前に成された。なお、川端道喜は現在でも「道喜粽」などを販売しており、京和菓子のひとつとして著名であろう。

「御朝」が終わり、ようやく天皇は食事を取ることができる。が、そうは簡単に食べられない。最初に、板元が調理した朝食は板元吟味役が味付けを確認する。次に板元吟味役と御膳番《ごぜんばん》という口向役人が盛り付けのチェックを行なう。御膳番は朝食が乗せられた碗やら皿を布巾にて拭き、御末《おすえ》という女官へ渡す。御末は命婦《みょうぶ》、命婦はさらに上級の女官へと渡し、さながらバケツリレーの様相でようやく天皇の前に配膳された。どのような朝食であったかは不明だが、全般的に上等の白米であり、焼き魚や煮魚があったようで、御末も調理をして食事を彩ったといわれている。なお、昼食までの間に煎茶や薄茶などを飲み、お菓子も食べた。これらは女官によって出されたのであろう。

また、盛り付けられた碗や皿は京都の清水焼《きよみずやき》であり、白磁に菊紋の呉須《ごす》が描かれていたものであった。

一方、明治維新以降、天皇の食事のスタイルは激変した〔米窪明美―二〇〇六年〕。この頃、天皇の食事は大膳寮《だいぜんりょう》という部署が担った。大膳寮で調理された料理は大膳寮職員から女嬬《にょじゅ》へ渡される。もちろん、これ以前に侍医による毒味済みだ。女嬬は命婦へと運び、さらに上級の女官である掌侍へと運ばれる。このようなリレー形式は江戸時代と変わることがなかった。明治時代以降の朝食はいわゆるフレンチスタイルで、カフェオレとパンのみであった。

天皇の昼食・夕食・酒宴

昼食は一二時に出された。配膳ルートは朝食同様に板元→板元吟味役→御膳番→御末→命婦……と運ばれた。ランチの皿数はかなり多かったといわれており、塩焼きにした鯛《たい》は一尺（約三〇チセン）のものであるという規定があったようだ。このような立派な鯛が毎日必ず昼食に出された。

昼食に鯛などを含む多くの食事をとるとは随分大食漢だと思うかもしれないが、実際に食べるのはごく一部に過ぎない。では、食べなかったものは捨てるかといえば、それらはすべて女官である御末の拝領物となった。御末は七名おり、地下官人《じげかんじん》や非蔵人《ひくろうど》などの娘が就任した。拝領した残り物は七名が平等に分けて、実家などに送られることとなる。それが朝昼晩の三食ともあるので、かなりの役得だ。しかも、時には配膳した碗や皿までも拝領された。

一方、明治維新以降も見てみよう。朝食は天皇と皇后は別々に食事をしたが、昼食は御膳の間のテーブルで食事を楽しんだ。大膳寮からの配膳は朝食と同様にリレーで運ばれる。幕末の堂上公家のひとりである久世通章《くぜみちふみ》の娘で、明治年間に女官として仕えた山川三千子《やまかわみちこ》の回顧録『女官』によれば、鮎《あゆ》・鯉《こい》・鮒《ふな》のような小さい魚は形を崩さないように骨をすべて取って配膳したというから、担当者たちの苦労は大変であったものと思われる。

夕食の時間は六時ないし七時頃、要するに日が落ちて、夜になったら、夕食となる。夕食の際には酒を飲んだようで、とりわけ、幕末の孝明《こうめい》天皇は一〇時頃まで飲んでいたというから、なかなかの酒豪であったのであろう。また、若い頃の霊元天皇は近習《きんじゅ》たちとともに泥酔してしまい、父親である後水尾《ごみずのお》院や武家伝奏中院通茂《なかのいんみちしげ》に心配をかけたりしたようだ。明治天皇の場合、若い頃は大酒飲みであったが、年とともに侍医から自重を促された。しかし、晩酌は欠かさず、日本酒をはじめとして、シャンパンやワインなどの洋酒も嗜んだ。そのうち、明治天皇が最も好んだのはシャンパンであったという。

宮中の米の経費

次に宮中の食事に関わる経費のうち、米について見てみよう。残念ながら、江戸時代の資料が乏しいため、ここでは明治二十四年（一八九一）に編纂された「禁中行事記聞」（宮内庁書陵部蔵）を参考にしたい。本書でもたびたび用いている「禁中行事記聞」とは、嘉永年間（一八四八〜五四）から安政年間（一八五四〜六〇）の朝廷について内裏《だいり》内部・諸役・諸家（宮・堂上・地下等）・儀式・下行《げぎょう》等についての編纂したもので、幕末の朝廷を知る上で重要な史料である。編纂者は侍医従五位高階経徳・正七位三善茂淳・東宮主事補心得青木行方の三名。高階経徳は天保五年（一八三四）生まれの典薬寮《てんやくりょう》医師で明治十二年（一八七九）に官家士族《かんけしぞく》（地下官人・非蔵人のうち、明治維新以降に士族となった者の呼称）の団体として成立した平安社の幹事。三善茂淳こと山名茂淳は松尾社宮司で官家士族の学校である平安義黌《へいあんぎこう》の創立委員メンバー。青木行方も平安社の幹部であった〔小林丈広―一九九八年〕。

さて、「禁中行事記聞」によれば、宮中の食事の米は御膳米と飯米に分けられている。御膳米のうち、天皇が食するのは「御食籠《おじきろう》」と称した。食籠とは、そもそも蓋の付いた器のことで、形状は丸型や角型、六角形など多様であり、重箱状になっているものもある。天皇の食する白米が食籠で供されたため、「御食籠」と称されたのであろう。その「御食籠」は「上々白米」を用いて、一日あたり六升（約一〇・八リットル）、一ヵ月あたり一石八斗（約三二四リットル）、一年あたり二二石六斗（約三八八八リットル）が幕府から供された。一方、御膳米のうち、夜間当直の女嬬に対して支給された米を「金鉢」と称した。名前の由来は残念ながら不明だが、天皇から支給されるという意味で、金箔が貼られていたのかもしれない。「金鉢」は「上白米」を用いて、一日あたり六升五合（約一一・七リットル）、一ヵ月あたり一石九斗五升（約三五一リットル）、一年あたり一二三石四斗（約四二一二リットル）が幕府から供された。これに精米のため減った分を補って、合計五六石四斗四升八合（約一〇一六〇・六四リットル）にのぼる。

次に飯米だが、飯米とは禁裏小番を勤める堂上公家をはじめとして、非蔵人・口向役人など、宮中に出仕している人びとに対して支給された米のことである。まず、「上白米」を用いられたのは堂上公家・非蔵人・禁裏付・医師である。このうち堂上公家二〇名で朝夕三合ずつ、湯漬として二合が供された。他は非蔵人二〇名、禁裏付二名、医師五名でほぼ二合五勺ずつ（禁裏付は朝なし、非蔵人は湯漬一合五勺ずつ）である。これらすべてを合計すると、年間約一三一石八斗余（約七三・二リットル余）となった。次に「中白米」を用いられたのは、執次以下の口向役人たちである。彼らは一日三三八名おり、二合五勺ずつ供され、年間約三二八石五斗余（一八二・五リットル）に及んだ。

一方、おかずとなる魚や野菜については詳細が明らかでないものの、市場価格に左右されず、「定値段」で買い上げていた。幕末期の定額支出のうち、例えば、野菜類は年間で銀一一貫六五七四匁余、肴類は銀一一貫一二七八匁余、酒は銀一〇貫五一一四匁余であった。この額をどのように評価したらよいか判断に迷うところであるが、なかなか慎ましやかな経営であったことは間違いないであろう。

宮中の食事を担う御用商人

ここで、宮中の食事の材料を担った御用商人について、先行研究を参考にして見てみよう。菓子・餅・酒・昆布・素麺《そうめん》・砂糖・魚・青物・豆腐・麩・味噌・醤油・酢・塩といった食料品が知られているが、これらの御用商人全二九名のうち、その事蹟が判然とする家は非常に少なく、今後の研究の進展が望まれる分野であるといえよう。ここでは、三つの種目について述べたい。

最初に奥八郎兵衛。魚を扱う御用商人であり、丸太町富小路東入に店舗を構えた。奥八郎兵衛家は清和天皇（八五八～八七六年在位）の時以来、宮中の魚を担う家という由緒を持っており、一一代目奥八郎兵衛は渡辺勝利《かつとし》の小説『小説「星岡茶寮《ほしがおかさりょう》」』『天皇の魚屋』の主人公である。一一代目は東京の日枝《ひえ》神社の旧境内地であった麴町《こうじまち》公園の風景に感動し、実業家仲間である小野善右衛門《おのぜんえもん》・三野村利助《みのむらりすけ》とともに料亭建設を岩倉具視《いわくらともみ》に進言、「星ヶ岡茶寮」の建設に至った。「星ヶ岡茶寮」はのちに北大路魯山人《きたおおじろさんじん》の手に渡り、美食家のための料亭となったことは有名であろう。しかし、「星ヶ岡茶寮」は空襲によって焼失し、第二次世界大戦の後、東急の五島慶太《ごとうけいた》の手に渡り、東京ヒルトンホテルがオープン。ザ・ビートルズが宿泊することとなる。その発端は、まさに宮中の魚を担った御用商人奥八郎兵衛家であった。余談だが、一一代目の孫にあたる堤正子は澤田信一に嫁ぐが、信一の弟久雄の嫁こそ、歌手由紀さおりの姉安田祥子である。

次に味噌の御用商人である本田茂助。本田（丹波屋）茂助家は天保元年（一八三〇）創業で、現在まで京都で営業を続けている老舗の味噌製造販売店だ（株式会社本田味噌本店）。本田茂助は丹波で杜氏《とうじ》を勤めていたそうで、麴造《こうじづく》りの腕をもって京都にやって来た。筆者は東京都出身、母は栃木県出身であるため、あまり馴染みがないのだが、西日本の白味噌の代名詞ともいうべき「西京《さいきょう》味噌」と名付けたのは本田茂助家である。

次に菓子の御用商人である黒川光正と黒川光保。「黒川」と聞いてもわからない読者の方も多いと思われるが、「とらや」といえば、黒地に金の虎、その紙袋を見れば一目瞭然の老舗の店、羊羹《ようかん》をはじめとする和菓子の一大ブランドを即座に思い浮かぶことができよう。虎屋・黒川家は室町時代後期にはすでに創業しており、後陽成天皇（一五八六〜一六一一年在位）に菓子を献上したことから、御用商人となっていったようだ。近江大掾《だいじょう》の官職を代々名乗っており、公家の日記を紐解くと、贈答品として「黒川近江大掾」の菓子が記されていることもある。黒川光保は光正の庶兄であり、明治維新後、東京出張所の開設を任された人物である。なお、菓子の御用商人として、「二口屋能登」という家もあったが、天保年間（一八三〇〜四四）に虎屋に吸収された。また、すでに述べた道喜粽で著名な河端道喜も御用商人であった。

これら宮中の食事を担う御用商人たちは明治維新とともに天皇や宮中との関係が断絶した場合が多い。本田味噌や虎屋のような事例はたいへん希有である。大日本帝国憲法下において、宮内省の許可によってはじめて「宮内省御用達」を名乗ることができたものの、現在の「宮内庁御用達」「皇室御用達」という呼称に何ら法的根拠はない。

徳川将軍家の「シェフ」

宮中での食事について触れたのだから、将軍家の食事とそれを担った幕府役人についても概観してみよう。最初に、将軍や将軍の妻はどのような食事を食べたのか、明治時代に幕府役人が語った証言を書き記した『旧事諮問録《きゅうじしもんろく》』を事例にして見てみたい。

将軍の食事

『旧事諮問録』には、幕末の一四代将軍家茂《いえもち》の頃に小性頭取《こしょうとうどり》を勤めた坪内《つぼうち》定益、小性を勤めた松浦信寔の証言が記されている。小性とは、将軍の側近であり、そのうち表小性《おもてこしょう》は儀式の際に雑用を勤め、奥小性《おくこしょう》は将軍の身の回りの世話をする役目である。さて、坪内と松浦は将軍の食事について、「存外お麁末《そまつ》」と評し、汁物・香《こう》の物・肴《さかな》くらいであったようである。たまには二の膳として鯛の焼き物が出たようだが、多くは質素な食事であった。あまり御馳走が出されたというわけではなさそうだ。実際、坪内と松浦も将軍の食事に関しては、「私どもの未だ小性を勤めませんときの考えとは大いに相違いたしまして、もう少し御馳走のあることと存じた位であります」と語っている。酒については飲むことが稀であったと述べているが、これは家茂があまり酒を飲まなかったということであろう。たまに飲む時は小性も相伴《しょうばん》に預かる場合があったようだ。なお、大奥の中臈箕浦《みのうら》はな子と取次《とりつぎ》佐々《さっさ》鎮子《しずこ》の証言のなかで、一二代将軍家慶《いえよし》がたいそう酒飲みで、辛口の酒を自ら燗《かん》鍋《なべ》でつけたという。家慶はその酒を吸い物椀の蓋や大皿などに注ぎ、女中に飲むよう施したというから、今だとアルコール・ハラスメントと評されてもおかしくはない。

一方、大奥についてはなかなか詳細である。証言しているのは、さきに記した箕浦と佐々だ。

将軍の奥方には精進日《しょうじん》を除いて、魚などがおかずとして出された。朱塗《しゅぬ》りの本膳には、ごはん、汁物に加えて、浅い椀、高坏《たかつき》、鱠皿《なますざら》が備えられ、二の膳には豆腐か、鶏卵の「淡汁」（詳細不明）、また、その他に鯛の焼き物か、ほうぼうの焼き物が出たという。将軍の食事と比較して、ずいぶんと豪勢な気がする。ただし、「御肴などは一箸なり二箸なり、むしって上げますと、それを一箸なり召し上がって、直ぐに御易《おかわ》りを上がるのでございます」、また、「半分も召し上がりませぬ」と証言しているように、非常にわずかばかりの食事であったようだ。たまには肉も食事に出されて、鶴などの鶏肉であった。朝食と昼食は同じようなもので、夕方は多かったという。なお、時には将軍の奥方と女中が一緒に食事をする機会があり、その際、真っ赤になった古酒が供されることがあった。

将軍の食事を担う役人—膳奉行

将軍の食事について、その全般を担ったのが膳奉行《ぜんぶぎょう》である。三〜四名が任じられたが、その数は一定していない。膳奉行はのちに述べる賄頭《まかないがしら》や台所役人と万事相談し、将軍の食事を円滑に供給する役目を担った。例えば、好みの食べ物やお菓子などについてである。将軍の側近である小性などは身近に将軍の好みを知る機会があったが、彼らからの意見を食事に反映したのが膳奉行であった。つまり、給仕人とシェフとの間の役とでもいえようか。

しかし、将軍の好みを把握する以外にも重要な役割があった。これについては、膳奉行成立の興味深い逸話から見てみたい。徳川家と江戸幕府の歴史について編纂した『徳川実紀《とくがわじっき》』のうち、徳川家康《いえやす》の事蹟について述べた『東照宮御実紀《とうしょうぐうごじっき》』を紐解いてみよう。時は慶長十九年（一六一四）、数十万を率いる徳川家康以下幕府軍と大坂城に立て籠もる豊臣《とよとみ》秀頼《ひでより》が雌雄を決する戦い、世にいう大坂冬《おおさかふゆ》の陣《じん》の時のこと。名将伊達政宗《だてまさむね》は家康の本陣が置かれた茶臼山《ちゃうすやま》（現在の大阪市天王寺区茶臼山町）に陣中見舞いに向かった。家康と政宗があれこれと話すなかで、政宗は「今のようにいくさなどの騒ぎがある時は人の心は不安定で推量し難いものです。朝夕の御飯などよくよく気をつけられた方がよろしいです」と述べた。つまり、敵味方問わず、毒を盛られるとも限らないから、食事には十分に注意した方がよいという忠告である。これに対して、家康はもっともなことだと感じ、以来、食事に際しては「御《お》にとりの役」という者を設置した。すなわち、毒味役のことである。

「御にとりの役」は徳川家にとって譜代の家臣である三河《みかわ》武士が担う役として、寛文年間（一六六一〜七三）頃までは「おにとり役」と称していた。やがて、江戸時代の中頃に膳奉行という名称になり、文政年間（一八一八〜三〇）には三河武士以外の者でも膳奉行に任じられるようになっていったようである。「おにとり役」の名称はなくなったようだが、このような毒味をすることはのちのちまで「おにとりをする」と表現していた。なお、この膳奉行は西丸《にしのまる》や二の丸にも設置された。後に述べる台所頭は出世すると膳奉行に進んだ。

将軍の食事を担う役人―賄頭・賄方

食料品を供給する役割を担ったのが、賄頭などである。実際、食料品のみならず、将軍が用いる膳・椀・家具・湯道具・生け花・草履《ぞうり》・下駄《げた》などさまざまな品物も賄頭が管轄した。そのはじまりについては膳奉行でも触れた『徳川実紀』のうち、二代将軍徳川秀忠《ひでただ》の事蹟について述べた『台徳院殿御実紀《たいとくいんでんごじつき》』に、慶長十八年（一六一三）納戸番を務めていた倉橋勝兵衛政長が賄頭に任じた旨が記されている。おそらく、諸物資を調達する役はすでに徳川家の組織が巨大化した段階で成立していたであろうが、賄頭という名称のはじまりは倉橋勝兵衛政長が任じられたことによるのであろう。倉橋勝兵衛政長という名前は江戸時代の大名と旗本の系譜を記した『寛政重修諸家譜《かんせいちょうしゅうしょかふ》』に見えないものの、三河武士に倉橋姓の者が多くいることから、膳奉行同様、譜代の家臣が任じられたのであろう。

さて、将軍の口に入る食料品であるため、最新の注意が払われる。まず、食料品の取りまとめを賄方が行なう。賄方は延宝九年（一六八一）に八五名が任じられており、これだけでもたいへんな役人の数だが、天保七年（一八三六）には本丸《ほんまる》・西丸で一五三名（その他見習などあり）に及んでいる。賄役で調達された食料品は吟味役が点検をしている。宝暦元年（一七五二）に設置された吟味役は五〜八名存在するが、どのような点検を行なったのかは不明である。サンプルを食して、味や歯ごたえを確認するか、色やつや、においなどの点検であろうか。しかし、点検はこれだけでは終わらない。次に調役が調査を行なっている。調役も宝暦元年に設置され、三〜六名が置かれた。さらに最終チェックを組頭が行なっている。組頭は七名だが、このように繰り返されるチェックによって、むしろ食料品が痛まないのであろうか。

そして、食料品を実際に商人から調達して来るのが、賄方の下級役人である。ここでは江戸の町名主が諸事の備忘録として記した『重宝録』という史料を用いて、魚を事例として見てみよう。魚を調達する下級役人は「御賄方上下勤御肴納屋詰役」三名である。この三名は御肴役所に毎日勤めて、そのうち一名は泊り番であった。彼らが出勤した御肴役所（魚《さかな》納屋《なや》役所《やくしょ》とも称した）とは寛政四年（一七九二）にそれまでの請負人体制から直買体制となった際に江戸橋広小路に設置された。「御賄方上下勤御肴納屋詰役」は江戸城本丸と西丸からの注文を受けて、買役に注文を申し付けている。また、特別な注文の際は問屋《とんや》を呼び寄せているようだ。それだけではない。「御賄方上下勤御肴納屋詰役」は「肴市場」を回って食材をチェックするのはもちろん、海や川へもわざわざ足を運んでおり、「昼夜の休みなく、魚に関する差配をしている」と評されている。ずいぶんとグルメであったのかもしれないが、残念ながら、「御賄方上下勤御肴納屋詰役」の実態はこれ以上わからない。

将軍の食事を担う役人―台所役人

次に、実際に食事を調理した幕臣、台所役人について見てみよう。江戸城内で調理を扱う場所は膳所《ぜんしょ》・奥膳所・表台所があり、それぞれ機能が異なっていた。膳所は将軍の食事を担う。奥膳所は奥向（大奥）の食事を担う。表台所は大名や幕臣に与えられる食事を担った。それぞれに台所頭以下、多くの台所役人を抱えていたが、ここでは、将軍の食事を調理した膳所に勤めた台所役人を中心に触れたい。

膳所の台所役人のトップは単に台所頭と称したが、享保二十年（一七三五）に膳所台所頭と称することとなった。定員は三名。万治二年（一六五九）、明暦《めいれき》の大火《たいか》によって焼失した本丸御殿が再建され、将軍家綱《いえつな》が引っ越しする際に制定された「御台所頭衆御条目」では次のようなことが記されている。

① 台所頭は月番とし、料理のことだけでなく、台所方の火の用心や掃除なども油断なく行なうように。

② 毎日早朝に台所頭一名がやって来て、三度の将軍の食事を調理し、奥台所・表台所まで見廻るように。

③ 台所方の経費は無駄遣いしないように。

④ 以前に出された法令は遵守するように。

⑤ すべての台所役人は厳重に勤めをするように。

この条目からもわかるように、調理はもちろんのことながら、台所役人の統括、経費の管理などに至るまで台所頭が担った。シェフ兼支配人といったところであろうか。そのため、すでに述べたように、台所頭が出世して膳奉行に至るという過程は、シェフ兼支配人が総料理長兼総支配人に出世するという比喩が可能なのかもしれない。

なお、台所頭は庖丁道に精通していた。例えば、『徳川実紀』のうち、四代将軍徳川家綱の事蹟について述べた『厳有院殿御実紀《げんゆういんでん》』の万治三年十一月十六日条によれば、台所頭天野正国が将軍の御前で「鯛庖丁」を行ない、同じく台所頭鈴木重成が「雁《かり》庖丁」を行なっている。いずれも、庖丁道のうちで、鯛と雁の切り方のことである。

膳所台所頭の下に六名の組頭がおり（江戸時代の前半は四名ほどの時もあり）、その組頭の管轄下に多くの台所人がいた。人数は五五名程度。巨大なレストランでも、これほどの人数はいない。台所人は将軍の食事のおかずである焼き物から、お菓子に至るまで調理している。

将軍の食卓に関わる商人たち

将軍の食卓を彩る料理とそのために必要な経費を賄う幕府役人についてはわかった。次に、食材を確保する商人たちと経費に注目してみたい。ここでも『重宝録』に活躍してもらい、魚を事例としよう。将軍の食卓に並ぶ魚について、古くは本小田原町の「肴問屋」が調達を担っており、その日の相場で買い上げていたようである。本小田原町とは、日本橋の河岸《かし》があったところで、現在の日本橋本町一丁目と室町《むろまち》一丁目に該当する。その後、請負人によるシステムに変更される。請負人は二名から四名程度で、住んでいる場所については判然としないものの、享保元年（一七一六）に勤めることとなった治兵衛は「小田原町」の者であると記されていることから、本小田原町の者たちであろう。しかし、この請負人はしばしば、召し放たれている。例えば、享保十五年に勤めることとなった山形屋和助と富田屋清治郎（清次郎）は同十八年に「不埒之儀」で召し放たれている。多くの不正があったものと思われる。

このような不正が横行していたためか、宝暦二年（一七五二）に幕府は勤金（給料）を支給することに決定した。その額は鯉屋藤右衛門が金五〇両、その他の者は二五両ずつである。しかし、請負人体制はうまくいかず、さきに述べたように御肴役所が成立して、直接買い上げる体制に移行していった。

鶴をさばく

地下官人・御厨子所

鶴をさばく公家

年中行事における御厨子所預・小預

次に、庖丁道を継承した地下官人《じげかんじん》の高橋家と大隅《おおすみ》家について見ていこう。「御厨子所《みずしどころ》」がもともとは朝夕の膳を調進するところ、いわば厨房であり、その厨房の差配役である御厨子所預《あずかり》を勤めた高橋家は「料理長」や「シェフ」のような存在であったことはすでに述べた。江戸時代には、儀式用の膳の調進《ちょうしん》に役割が変化したが、具体的にどのような儀式であったのであろうか。「地下諸役記」という資料に基づいて検討してみよう（国立公文書館内閣文庫蔵）。この資料は江戸時代の中頃、十八世紀初頭の地下官人の役職・名前・知行《ちぎよう》高・職務を記したものである。そこには御厨子所預・小預《こあずかり》の職務として次のように記されている。

御厨子所預は三節会《さんせちえ》腋御膳《わきのごぜん》並びに朝餉《あさげ》、その他御元服《げんぷく》・立坊后《りつぼうこう》・即位・大嘗祭《だいじょうさい》などの御膳をことごとく調進する。

御厨子所小預は年中の日貢《にっく》御膳、正月は仙洞御所《せんとうごしょ》の御歯固《はがため》を調進する。宮方で皇子・女王誕生の時と御七夜《おしちや》の時の御膳並びに御宮参りの折櫃《おりびつ》物を六合調進する。御深《ふか》曽木《そぎ》の時は六本立の御膳折櫃物を六合調進する。御修法《みしほ》の中日に折櫃物を八合調進する。正月十七日の鶴庖丁を勤める。同時に島台《しまだい》物などもことごとく調進する。

簡単に解説を付けてみたい。三節会とは、正月三節会と称されるもので、元日節会（元旦）・白馬節会《あおうまのせちえ》（七日）・踏歌節会《とうかのせちえ》（十六日）のこと。それぞれ元来は天皇と臣下との宴会であったが、それが儀式化したものである。御厨子所預はこれらの宴会で、天皇の前に備える第一の膳「晴御膳《はれのごぜん》」の次にあたる「腋御膳」を調進した。

御厨子所小預が勤めた「日貢御膳」は「日供《にっく》」ともいい、毎日調進し、天皇へ備えた膳のこと。正月は仙洞御所の「御歯固」も調進しているが、この「御歯固」とは鏡餅のことである。現在でも、正月三ヶ日に餅を食べて、長寿を願う行事がある。親王家などで子どもが誕生した時と御七夜の時、また御宮参りの時に折櫃物（檜《ひのき》の薄い板で作られた容器）を六つ用意したようだ。「深曽木」とは、「深削」「深除」とも書き、幼い子どもの髪を切りそろえて成長を祝い、また、髪が豊富であることを祝う儀式。ここでも折櫃物を六つ調進する。「修法」は、密教僧を招いて朝廷で行なわれる加持祈禱のことだが、その中日に八つの折櫃物を調進する。そして、正月十七日の鶴庖丁。これについては後述したい。鶴庖丁の時に置かれた「島台」という飾り物の製作も担ったようである。

このようにさまざまな朝廷儀式において、御厨子所預・小預は膳の調進を行なっている。そして、膳調進において、多くの知識と技術が必要であった。少し難しい言い方をすれば、公家が公家としての身分を保持できたのは、非合理的な儀式の膨大な集合体とそれを家の規定性のもとで合理的に遂行する知識と技術の集積ゆえであった。随筆『桜の林』に御厨子所預高橋宗直《たかはしむねなお》が息子に語った遺言が掲載されている。その遺言とは、「京都は近々火事になるであろう。その時はこの家のことは構わずに、内裏《だいり》のどこどこの場所に記録の箱があるから、それを持ち出しなさい。この家が丸焼けになって記録が失われたとしても、あの記録の箱さえあれば高橋の家は生き続けるに違いない」というものだ。御厨子所預高橋家が高橋家として存続するために必要な記録の確保、すなわち、知の確保こそが不可欠であり、朝廷儀式の業務を遂行する人びと（とりわけ、地下官人）にとって、なくてはならなかった。

そのような知の確保がやがては業務を超えて、学問として有職故実《ゆうそくこじつ》に精通した人物を輩出する。そこで、次に有職故実に通じた人物として著名な高橋家の当主である高橋宗恒《むねつね》・宗直・宗孝《むねたか》について見てみよう。以下、主に分析に用いる史料は高橋家・大隅家の代々の日記である（「御厨子所預日記抄」慶応義塾大学図書館魚菜文庫蔵御厨子所預高橋家記録類。以下「日記抄」と略す）。「日記抄」は高橋家と大隅家の日記が混在しているが、これは天明《てんめい》の大火によって、高橋家の日記が焼失してしまい、業務を円滑に進めるため、罹災後に高橋家が大隅家より大隅家の日記を借りて書写し、伝来したためである。

大嘗祭ディレクター、高橋宗恒

　戦国時代が一段落しても、天草《あまくさ》の乱《らん》や大飢饉で混乱が続いている寛永十七年（一六四〇）、高橋宗恒が生まれた。朝廷儀式の復興が進み出した頃である。九歳になって、御厨子所預に任じられた。九歳という若さで任じられることを奇異に感じるかもしれないが、これは多くの地下官人に共通する補任《ぶにん》方法である。当主が存在していても、若年のうちに世襲で勤めている役職（例えば、高橋家なら御厨子所預）に任じられ、当主が後見をするという方法であり、これを「諷《ふう》諫《かん》」と称した（須田肇―一九八九年）。しかし、一四歳にて父宗定を亡くしており、朝廷儀式を滞りなく進めるために多くの苦労があったものと思われる。実際、父が没した翌年に後光明《ごこうみよう》天皇が死去し、後西《ごさい》天皇が即位するという事件を彼は御厨子所預として進める必要があり、大きな不安があったものと想定される。このような逆境が彼を有職故実に精通させたのであろう。

　そうした人物としての朝廷内における活動は「日記抄」に多く散見されるが、例えば、貞享二年（一六八五）元日の記事として、立坊（立太子礼《りったいし》）。ここでは霊元《れいげん》天皇皇子の朝仁《あさひと》親王のこと。のちの東山《ひがしやま》天皇）・立后《りっこう》（天皇の后に立てる儀式。ここでは霊元天皇中宮鷹司房子《たかつかさふさこ》）の際の膳や春日祭神供《じんぐ》の調進に際し、旧例を調べて、そのとおりに行なった褒美として、白銀一〇枚を拝領している。また、節会の膳に関して従来のものに対する疑問を提示し、霊元天皇より「古法」に改めるよう指示された（同日条）。

彼の名声が朝廷内外に広がるのは貞享四年の大嘗祭再興の時である。貞享四年、東山天皇の即位に伴い大嘗祭が挙行された。後土御門《ごつちみかど》天皇即位の大嘗祭、すなわち、文正元年（一四六六）以来の再興である。ここで簡単に大嘗祭について触れておこう。なぜなら、この朝廷儀式は最も重要視されるもののひとつなのだから。天皇は毎年、新穀を神に捧げる儀式を行なっている。これを新嘗祭《にいなめさい》といい、多くの神社でも現在執り行なわれているため、名称を知っている方も多いであろう。その新嘗祭のなかでも、天皇になった者が初めて執り行なうのを大嘗祭という。儀式スタイルはその時々によって変化しているため、江戸時代と相違するものの、今上《きんじょう》天皇も一九九〇年十一月二十二日から二十三日にかけて挙行している。その荘厳な儀式がテレビで流されるとともに、大嘗宮建設費一四億円を税金で賄うことの是非などが話題になったが、その発端が貞享四年の大嘗祭再興にあった。

応仁《おうにん》の乱《らん》以前の文正元年（一四六六）以来、大嘗祭が執り行なわれていないため、当時の摂政一条兼輝《いちじょうかねてる》は霊元院（東山天皇の父）より大嘗祭再興を命じられたものの、誰も実際の儀式がわからない。そこで有職故実に詳しい高橋宗恒に白羽の矢が立てられた。児玉尚高《こだまなおたか》という学者が、後に述べる山田以文《やまだもちふみ》の講義をまとめた「山田のおち穂」（国立公文書館内閣文庫蔵）には次のような逸話が記されている。

貞享の頃、大嘗祭御再興について、御厨子所預紀宗恒（高橋宗恒）が関白の命を蒙り、解説・注釈を記した書物と図を献上した。この頃、摂政一条兼輝と兵部《ひょうぶ》卿《きょう》京極宮《きょうごくのみや》文仁《あやひと》親王が宗恒と御相談して、「類聚雑要抄彩色図《るいじゅうざつようしょうさいしきず》」を作らせた。古代の調度品《ちょうどひん》が大いに明らかとなった。

「類聚雑要抄彩色図」とは、平安時代後期の朝廷儀式を略図とともに記録した「類聚雑要抄」を彩色化したものであり、他の公家らとともに宗恒は「類聚雑要抄彩色図」の作製にあたっている。その他、一条兼輝の日記「兼輝公記」（東京大学史料編纂所蔵）を紐解くと、宗恒はしばしば一条邸を訪れて、諮問も含めて、さまざまな話をしており、その緊密さがうかがえる。貞享四年の大嘗祭再興は霊元天皇による強い意向があって進められたのはもちろんだが、それを下支えして実際に儀式が遂行できるようにしたのは宗恒であった。さしずめ、大嘗祭ディレクター高橋宗恒といったところであろうか。

なお、正徳の治という幕政を行なった新井白石《あらいはくせき》との間で学問的な往来が頻繁であった堂上公家野宮定基《ののみやさだもと》は幼少の頃より宗恒に師事していた。当時、野宮定基の才は著名であり、「有職四天王《ゆうそくしてんのう》」のひとりに数えられていた。

宗恒の孫である宗直は地下官人の系譜を記した『地下家伝《じげかでん》』によると、元禄十六年（一七〇三）に高橋親宗《ちかむね》（宗恒の息子）の二男に生まれ、天明五年（一七八五）に八三歳で亡くなった人物だ。しかし、

セレブな養子先を蹴った高橋宗直

宗直については異説も明らかにされている。その異説に従って、彼の少年期・青年期を描いてみよう〔宗政五十緒―一九九二年〕。

宗直は山城国《やましろのくに》乙訓郡《おとくにぐん》大原野村（現在の京都市西京区《さいきょうく》大原野）の百姓で、左馬寮《さめりょう》の地下官人を勤めた大島直武の二男として誕生、一六歳で伏見の商家の養子となった。養子先の商家は不明だが、「富商」「財宝ニ富メリ」と表現されている。しかし、宗直は商家に養子に行くのを嫌がったようで、実家の大島家へと戻ってしまう。宗直は父に対し「自分に商人は合わず、できれば公家か武家になりたいと思います。これから先は他事に心を掛けず、昼夜書籍に埋没します。最近、滋野井《しげのい》大納言殿（公澄《きんずみ》）という有職故実に通じた方がいるので、この人に師事したいと考えております」と訴えた。滋野井公澄は高橋宗恒の門弟であった野宮定基らとともに「有職四天王」に数えられた人物である。ちょうどその頃、御厨子所預高橋親宗が養子を探していた。大島直武と親宗は旧知であったため、宗直を養子

図3　桜町天皇大嘗会辰日節会絵巻（茨城県立歴史館蔵）

にすることが決められたが、当時の高橋家は莫大な借金を抱えていた。その額銀一五貫目。金で換算すれば三〇両ほどであろうか。大島家はこの借金を肩代わりするとともに、持参金としてさらに銀一五貫目を上乗せし、代々の屋敷・道具・記録類が譲られた。こうして宗直は念願の公家になることができたのである。

宗直は滋野井公澄や野宮定基に師事し、有職故実を学んだ。また、摂関家一条家との関係も深く、旧儀や旧例の調査も行なっている。元文三年（一七三八）、桜町《さくらまち》天皇即位に伴う大嘗祭再々興（東山天皇と桜町天皇の間の中御門《なかみかど》天皇の時には挙行されなかった）の折にも尽力したようだ（図3の白い装束の人物が宗直である）。堂上公家の柳原紀光《やなぎわらもとみつ》は随筆『閑窓自《かんそうじ》語《ご》』において、宗直のことを「才学あるもの」と評価した上で、京都御所の清涼殿《せいりようでん》と紫宸殿《ししんでん》の詳細図を作製したと述べている。実際に宗直が作った清涼殿・紫宸殿の写本が多く遺されており、彼の門弟である裏松固禅《うらまつこぜん》はこれらに基づいて、現在の歴史学においても古代の内裏を検討する上では欠くことのできない「大内裏図考証《だいだいりずこうしよう》」を完成させた。天明の大火によって焼失した内裏の造営には裏松固禅の力量がなくてはできず、その背景には宗直の存在があったと言っても過言ではあるまい。

大島家から養子に入り、有職故実で大成していった高橋宗直。彼の才は有職故実だけにとどまらず、庖丁道の門人確保という方向にも向かわせた。この点に関しては後述するが、宗直の段階で門人が飛躍的に増加している〔石井泰次郎―一九七〇年〕。

天明の大火からの復興、高橋宗孝

高橋宗直のふたりの息子のうち、長男は一九歳にて死亡、次男宗之が御厨子所預となり、業務を勤めるが、三六歳になった安永七年（一七七八）に養子を迎えている。おそらく、相続人がいないことに不安を感じたのであろう。養子にしたのは宗直の「外孫」である愛蔵という人物で、同年十二月、御厨子所預に任じられた。実父については『地下家伝』や当該期の公家の日記にも伝えられていない。宗孝が御厨子所預に任じられた時は一七歳であり、宗直同様、少々年齢が高い段階での補任であった。

天明二年（一七八二）、養父宗之が亡くなり、次いで、同五年には養祖父宗直が亡くなってしまう。さらに、同八年正月晦日には天明の大火によって、代々蒐集《しゅうしゅう》してきた書籍、代々の日記・家記・装束類、古くから伝来した器物などを納めた土蔵が焼失してしまう。その時の心境を彼は「あまりに残念であり、涙に尽きることはない」と「日記抄」に記している。そのような不幸が続くなかにあっても、有職故実のスキルを上げていく。天明の大火から一ヵ月も経っていない二月二十七日、京都吉田神社の社家《しゃけ》山田以文とともに「令義解会《りょうのぎげかい》」を実施している。「令義解会」がどのようなものであったかについては「日記抄」からは確認できないものの、律令の注釈書である『令義解』の諸本を校正したりしたのであろう。このような有職故実書の校正作業は江戸時代以前から多くの公家が仲間とともに行なっていた。その他、このようないわゆる勉強会は『貞観儀式《じょうがんぎしき》』・『北山抄《ほくざんしょう》』・『西宮記《さいきゅうき》』といった有職故実書がメインであったが、『日本文徳天皇実録《にほんもんとくてんのうじつろく》』のような歴史書でも行なっている。ちなみに、『日本文徳天皇実録』は罹災直後の二月二十二日に京都の書肆《しょし》林伊兵衛より一八匁で購入した。

宗孝は宗恒・宗直ほど有職故実に関して活躍した形跡は見られない。膳の調進を行なうという業務に特化した著作が遺されているものの、手控えとして手元に置いていた資料が伝来したようであり、広く彼の知が伝播した形跡は確認できない。しかし、彼はこの時代の学者として著名な藤貞幹《とうていかん》の死後を引き受ける役割を担ったひとりであり、宗孝が有職故実を軸としたサークルの一員として評価が高かったことを教えてくれる〔西村慎太郎二〇〇五年〕。藤貞幹とは、水戸の『大日本史』や裏松固禅『大内裏図考証』編纂に関与し、本居宣長《もとおりのりなが》と神代に関する評価で論争を巻き起こした人物であり、その死を看取ったのは、宗孝をはじめとして、濱島等庭《はまじまともなら》（地下官人。内膳司《ないぜんし》）・山田以文（吉田神社社家）・橋本経亮《はしもとつねあきら》（梅宮神社社家）・佐々木竹苞楼《ささきちくほうろう》（古書肆）といった京都では著名な有職故実研究者たちであった。また、宗孝から庖丁道の許状を受けた者は数多いが、その点については後章で述べたいと思う。

宗恒・宗直・宗孝。いずれの三名も一流の学者として、朝廷や京都において有職故実を担う存在であったが、彼らに共通するのは逆境や特異な立場をくぐり抜けてきた点であり、こうした危機意識が有職故実研究者として飛躍する要因であったものと思われる。

御厨子所が調進した「コース料理」

さまざまな会席《かいせき》料理や儀礼の場での料埋に関して紹介された書物はよく見かけるものの、朝廷儀式における料理について触れたものは案外少ない。

そこで、次に御厨子所が朝廷儀礼に際してどのような「コース料理」を出したのか、その「メニュー」を見てみよう。最初に、朝廷儀式のなかでも、天皇にとって一世一代の晴れ舞台である即位礼の際の膳について触れたい。

即位御膳

即位礼とは、即位した新天皇が高御座《たかみくら》と称されるところに登り、人びとへ即位を告げる儀式である。もともと、古代には大極殿《だいごくでん》で開催されたが、後柏原《ごかしわばら》天皇（一五〇〇～二六年在位）以降、紫宸殿で行なわれた。ただし、即位礼自体には膳と関係する儀式がなく、即位礼当日の朝に調進される膳である。なお、実際の天皇が食したかどうか不明であるが、後述の「五本立之饗膳《ごほんだてのきょうぜん》」第二の膳を考慮すると、完食しないまでも口に付けることはしたものと思われる。

「日記抄」には、即位礼当日朝の膳の「メニュー」として、宝暦十三年（一七六三）の後桜町天皇即位と、明和八年（一七七一）の後桃園天皇即位のものが掲載されている。後桜町天皇と後桃園天皇は姉弟だが、男女による相違点はあまり見られない（表現の相違のみ）。いずれも「六本之御前物《ろっぽんのごぜんもの》」・「五本立之饗膳」・「烹雑《ほうぞう》二献」である。簡単に膳の内容を記してみよう。

まずは「六本之御前物」である。それぞれ第一から第六までの膳にそれぞれの「メニュー」が載せられている。

第一がご飯と御箸・御匙。「洲の鶴」または「洲の上の鶴」と記されているが、この「洲」とは飾り台のこと。洲の上に鶴のミニチュアが載せられていたのであろう。

第二が酢・醤油・塩・酒・アワビの汁物である。

第三が温月・鯛醤・ウニ・塩貝。これは「温月」とはクラゲのことである。通常は「水母」や「海月」と記すが、「日記抄」には「温月」と記されている。鯛醤は宝暦十三年の「日記抄」によると、「たひのひしほ」と記されている。「醤」「ひしほ」とは、味噌の一種の意味と魚・鳥を塩漬けにした肉の意味のふたつが知られている。ここでは当然後者の意味で、塩漬け鯛である。

第四がからすみ・おうしん・鮎《あゆ》・鰺《あじ》。からすみは日本三大珍味と称される一品。ボラの卵巣を干し固めたものである。「おうしん」についての詳細は不明だが、「おんちん」「おちん」などの事例も見られ、明和八年の「日記抄」によると、「干鳥」と記されている。

第五がイカ・鯉・平焼・零余子焼。平焼は鯛の焼き物のことである。「零余子」とは「むかご」と読み、山芋などの液が球状になったもののこと。現在では御飯に入れて食べる秋の味覚のひとつであろう。

第六が粉餅（赤・青・黄・白）・栗・金柑《きんかん》。ただし、宝暦十三年の「日記抄」の場合、金柑と粉餅の赤・白はあるものの、残りは「たち花（橘）」「こうし（麹）」「なつめ」と記されている。

次に「五本立之饗膳」である。これについては姉弟で相違が見られる。ここでは姉・後桜町天皇の宝暦十三年を事例としつつ、弟・後桃園天皇の即位の時とどのように違うかについて述べてみたい。

第一がおうしん・干鯛・クラゲ・干鮎・鯖・焼タコ・ウニ・ご飯・塩・酢・箸・匙。明和八年の後桃園天皇の時の場合もほぼ同様である。

第二が干鰺・カマボコ・イカ・干鳥・温かい汁物（アワビ・鳥）・塩鮎。これらについては宝暦・明和と食べ物に相違はないものの、明和八年の場合、汁物の鳥が「御冷汁」であった。もしかしたら、これは即位礼当日の季節による相違かもしれない。温かい汁物が出された宝暦十三年の即位礼は冬真っ只中の十一月に挙行された儀式であり、鳥の「御冷汁」が出された明和八年は四月に執り行なわれており、当時は初夏の陽気である。

これを御厨子所サイドが配慮した「メニュー」だと考えた場合、天皇は即位当日朝の儀礼的な料理を食べていたと想定できるのではなかろうか。一日行なわれる大礼、「朝食をモリモリ食べてがんばろう」という天皇と、「今日は暑いから冷たい汁物にしてあげよう」という御厨子所という姿が描ける。

第三が干鱧《はも》・塩貝・カツオ・カラスミ・赤貝・鯛の汁物。明和八年の場合、カツオと赤貝の代わりにトビウオとイカだった。この違いについては不明である。

第四が海老・平焼・鮭《さけ》・蛤《はまぐり》・小指し・鯉《こい》の汁物。明和八年の場合、鮭ではなく、鱒《ます》であった。

第五がたち花・麹《こうじ》・粉餅・ナツメ・松子《しようし》、最後に「烹雑二献」である。「烹雑」とは、雑煮のことである。

宮さまの御色直し

次に、その他の天皇家に関わる儀礼を見てみよう。最初は、色直しの儀式である。天皇家の子どもたちは生まれると、白色の装束を着ることになっていた。成長して、色付きの装束に改める儀式を色直しといったが、その際にも祝いのための膳が用意され、御厨子所が「調理」した。ここでは、天和二年（一六八二）、霊元天皇の皇子で、後に京極宮文仁《あやひと》親王と名乗る富貴宮《ふきのみや》の色直しを事例とする。十二月十二日、御厨子所預高橋宗恒と同小預大隅信時が参内して、「三本立之御膳」と折櫃物六合を調進した。その際、祝儀として金一〇〇疋などを拝領している。一〇〇疋とは、金一分（金一両の四分の一）に相当する。さて、その「メニュー」とは次のようなものであった。

第一が干鳥・干鮎・干鯛・蒸し蚫《あわび》・焼タコ・海月《くらげ》・蚫。その他、酢・塩・ご飯である。

第二が干鱧・鮭の塩引・数の子・雉・炙《あぶ》り。そして、「おもゆ土器《かわらけ》」である。「おもゆ土器」は金色であったと記されているが、「おもゆ」＝重湯（お粥から米を取り除いたもので、いわゆる離乳食などにも利用）であるとするならば、実際に富貴宮は口にしたのであろうか。

第三が鱸《すずき》・鯛・赤貝・鯛の汁物・鳥の汁物などである。ここに鱸が登場するのは、出世魚（成長とともに名称が変化する魚）であるからだと思われる。鱸は稚魚の時には「せいご」、少し成長して「ふっこ」と称された。

ところで、この儀式に対して、どの程度の「給料」が支給されたか。すでに述べたように、儀式に出仕して業務を行なうことにより与えられる「給料」を下《げ》行《ぎょう》と称した。富貴宮の色直しの下行は不明ながら、その後、八十宮《やそのみや》（七代将軍家継《いえつぐ》のフィアンセ）の色直しの下行は米三石五斗（約六三〇リットル）である（「日記抄」享保元年十二月朔日条）。この額は調進する「メニュー」も食器も、彼ら自身の手間賃も含まれるが、儀式で得られる下行米はだいたいこの程度であった。

では、ここで使われるような食材はどのように調達されたのであろうか。実はこの点、資料が遺されていないため判然としない。しかし、「日記抄」には断片的ではあるが記されているので検証してみよう。宝暦九年（一七五九）七月九日条によれば、「御日出度事《おめでたきこと》」が翌日宮中で行なわれるため（内容は不明）、御厨子所預高橋宗直父子と同小預大隅信彦が御所へと向かい、賄方より「肴物・青物」を受け取った。賄方とは、朝廷の勘定を担う口《くち》向役人《むきやくにん》のことであり、儀礼で調進される「メニュー」の食材を賄方が管理したようである。なお、食材の調達は賄方などの口向役人が担当したものと思われるが、非常に面白い事例がある。宝暦十一年六月に九代将軍家重《いえしげ》が没したことを受けて、鳴物停止《なりものちょうじ》などとともに殺生の禁止が幕府より命じられた。その折、魚屋から高橋家に対して、「魚が入荷しないでとても困っています。そこで木の札に『御用』という旨を書いてください」と願い出てきた。高橋家は早速、表に「御厨子所御用」、裏に「宝暦拾一巳年六月十八日　高橋　大隅」と書いた木の札（絵符）を渡した。そして、もし何か幕府方からいわれたら「先例がありますす」といえばいいだろうと述べている。この当時の魚屋と高橋家との関係は不明だ

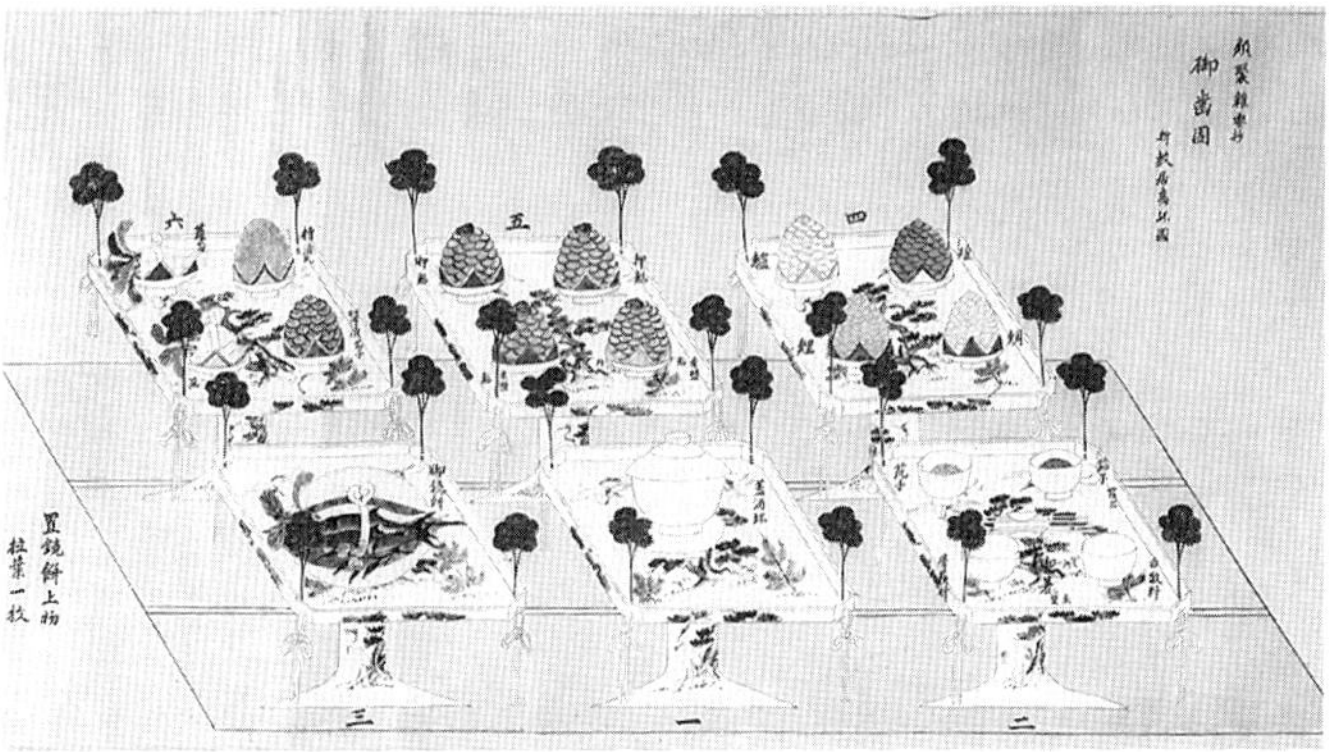

図4　高橋大隅両家秘伝供御式目（京都府立総合資料館蔵）

が、中世の六角町《ろっかくちょう》生魚供御人《くごにん》は高橋家が設定しており〔小野晃嗣―一九八九年〕、今宮《いまみや》供御人との関係が江戸時代後期に至っても続いていることから、魚屋と高橋家は密接な関わりがあったものと思われる。

公家に対する膳の調進

次に朝廷儀式以外の公家に対する膳調進を見てみよう。例えば、「日記抄」宝暦九年（一七五九）十二月晦日条に日野家における歯固《はがため》の儀式の膳調進が記されている。歯固とは、長寿を祈願するため、餅や大根などの固い食べ物を膳として並べる儀式で、全国的には正月三ヶ日に行なわれることが多い。歯固で用いられる餅のことを女房ことばのひとつで「歯固餅」と呼ばれたが、これは現在の鏡餅《かがみもち》の別称である。この時の鏡餅は日野《ひの》家の子どもで、のちに当主となる日野資矩《すけのり》が五歳になるため、五重の鏡餅が調進された。なお、日野家に対する歯固の膳調進は安永元年（一七七二）十二月晦日条に「例年の如し」と記されているが、当時の「日記抄」の書き手は御《み》厨子所番衆《ずしどころばんしゅう》大隅家であるため、毎年大隅家が日野家の調進を担ったことがわかる。

　公家の元服に際しても、膳の調進を行なった。例えば、天明三年（一七八三）二月二十六日に堂上公家の伏原《ふしはら》家で元服式が執り行なわれた。後に従二位《じゅにい》まで昇る宣武《のぶたけ》が一〇歳となり、この日元服して、昇殿《しょうでん》が許されたのだ。元服の儀式が終わった後、参加者に膳が供された。この時は三本立である。なお、江戸時代の堂上公家の元服と昇殿は同時であり、元服の年齢は一〇歳前後であった。元服の儀式には、冠を被せる加冠《かかん》役、髪を整える理髪役、陪席する着座役があった。加冠役は一族の長者や摂関家などが担当し、理髪役は他の公家であった。着座役の人数は定まっていないが、多い時は一〇名ほど、少ない時は一名ないし二名である。例えば、文政十二年（一八二九）十一月十八日に櫛笥《くしげ》家で幼い当主である麗丸（元服後に隆韶《たかつぐ》）が元服したが、その時の加冠役は内大臣近衛《このえ》忠煕《ただひろ》、理髪役は従四位上阿波権守長谷《ながたに》信好《のぶよし》で、着座役は前中納言園池《そのいけ》公翰《きんおと》と参議山科《やましな》言知《ときさと》であった（学習院大学史料館蔵内膳司濱島家文書「日記」）。

　次に公家の婚礼に際して、どのような膳を調進したのかについて述べたい。これももちろん朝廷儀式というわけではなく、膳調進という特徴的な職務であったため、親しい公家から依頼されたのであろう。ここでは「日記抄」明和九年（一七七二）十一月朔日条の堂上公家日野資矩の婚礼に関わる膳を見てみよう。当時、日野資矩は一七歳で蔵人頭《くろうどのとう》兼右《う》中弁《ちゅうべん》。将来を有望視された若きエリート文官である。妻となったのは武家伝奏《ぶけてんそう》を勤めた柳原光綱《やなぎわらみつつな》の娘である。

公家の婚礼といえば、平安文学などで著名な「三日夜餅《みかよのもち》」（結婚三日目に食べる餅）とか「露顕《ところあらわし》」（現在の披露宴）などが思い浮かぶが、江戸時代はそのようなことがなかったものと思われる。新婚夫婦の膳も定式化したようなものであった。ここでは膳のみ紹介するが、まず、「式肴《しきさかな》」として、カラスミ・鯉・海月・カマボコ・鯛・ウニとともに酢・塩が出される。やはり、現在でも高級品やめでたいもの、珍味として著名な肴が並べられる。

鶴庖丁

鶴庖丁のはじまり

話題を本書冒頭に戻そう。現在の日本国内では鶴を食べることができない。非常に数が減ってしまい、特別天然記念物であるためだ。

数が減った原因はさまざまであろうが、人間による乱獲が原因のひとつであることは間違いない。食用以外にも、ペットとしても用いられていた。古くは長屋王《ながやおう》の屋敷に「鶴司」が設置されていたことから、鶴を「ペット」ないし贈答用に飼っていたことがうかがえる。江戸時代後期にも地下官人のひとつ滝口《たきぐち》を勤めていた田原正行の家に「飼鶴」があり、それが病死したため、御厨子所預高橋家に鶴をさばくことを申し出ている記事が見られる（「日記抄」文政二年四月二日条）。

「鶴は千年、亀は万年」という慣用句にもあるように、鶴は非常にめでたい鳥であり、贈答品・献上品・下賜品としてよく用いられた。江戸時代に入ると、鶴の献上ないし鶴の下賜は主従関係を確認するツールのひとつとなっていった。将軍家から天皇へ鶴が贈られたが、この鶴を天皇や公家たちの前でさばくことが儀式化されていく。これを鶴庖丁という。このように鶴を主君の前でさばく鶴庖丁は将軍家や大名などでも行なわれた。例えば、寛永十年（一六三三）九月十三日には、三代将軍徳川家光《いえみつ》が徳川頼房《よりふさ》（水戸）・前田利常《まえだとしつね》（加賀）・島津家久《しまづいえひさ》（薩摩）をはじめとした在江戸の国《くに》持大名《もちだいみょう》を招いて、台所頭神谷正重に鶴庖丁をさせた上で、鶴料理を振る舞っている（『徳川実紀』）。さばくといっても、さばき方が特殊だ。「真魚箸《まなばし》」と称される長い箸と庖丁を持ち、食材に直接手を触れずにさばくのである。

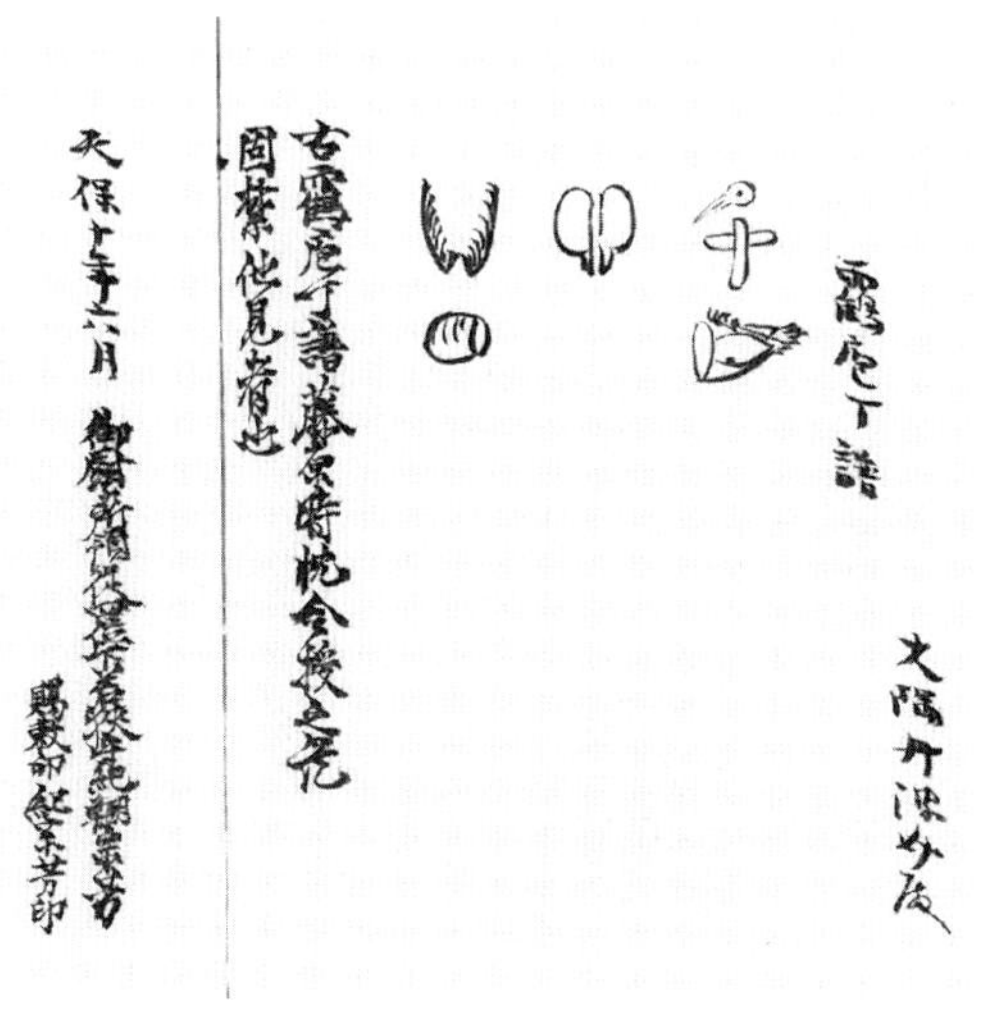

図５　「鶴庖丁譜」（「御厨子所預高橋家記録類　御厨子所預日記抄」11冊目，慶応義塾大学図書館蔵）

　天皇や公家たちの目の前で、庖丁

と箸を使い、鳥をさばくことは戦国時代にも見られたことである〔根崎光男―二〇〇八年〕。宮中の女房が記した『御湯殿上日記《おゆどののうえのにっき》』によれば、永禄十二年（一五六九）正月二十二日条に「鵠《くぐい》庖丁」を行なっている。鵠とは白鳥のこと。天正四年（一五七六）正月十七日には御厨子所小預大隅秀信《ひでのぶ》が鵠をさばいている（『言経卿記《ときつねきょうき》』）。

武家政権が鶴を献上し、鶴庖丁として儀式化されたのは、天正十五年（一五八七）に豊臣秀吉が献上したことによる。天正十五年といえば、すでに秀吉は関白に就任し、九州攻めを進めようとしている時期であり、天下人《てんかびと》としての権威を誇示する目的があったのであろう。『御湯殿上日記』の同年正月十七日条には次のように記されている。

> 清涼殿の御庭にて、高橋が鶴の庖丁を行なった。その褒美として太刀が下賜《かし》された。太刀は極臈《ごくろう》（六位蔵人のトップ）より渡された。伏見宮《ふしみのみや》・梶井宮《かじいのみや》をはじめとして、外《と》様《ざま》・内々の堂上公家が参上した。みな鶴料理が振る舞われた。

清涼殿は御所のなかで天皇が日常生活を送るための空間、そこの前庭にて鶴庖丁が行なわれた。「高橋」とは、もちろん御厨子所預高橋家である。鶴庖丁をつつがなく勤めて、その褒美として太刀が下された。そこでさばいた鶴はおそらく鶴の汁物として食したのであろう。以後、正月十七日ないし十九日には鶴庖丁とともに、舞御覧《まいごらん》（舞を天皇が見る儀式）が執り行なわれたが、御厨子所預高橋家と同小預大隅家が隔年で勤めている。

鶴庖丁の式次第

鶴庖丁とはどのような儀式なのであろうか。「日記抄」のうち、天和二年（一六八二）、享保十一年（一七二六）に詳細が記載されているので、それらを中心に復元してみよう（高橋家と大隅家の事例が混ざっているが、ここではわかりやすく、すでに述べた高橋宗恒を主人公としよう）。

まず、鶴庖丁の前日ないし前々日、氏神社にて無事に勤めることの祈願をした。鶴庖丁直前には内侍所《ないしどころ》拝所にて祈願する場合もあり、晴れ舞台であると同時に、大変な緊張を伴っていたものと思われる。

当日は辰《たつ》の下刻（現在の朝九時過ぎから一〇時の間）に後見役や唐櫃《からびつ》を持つ担当者などを伴って御厨子所預高橋宗恒は参内《さんだい》。準備室である「楽屋」に入った。楽屋とはいえ、一室ではなく、庭に幕を張った簡易的なテントである。午刻（午後一二時）を回った頃、天皇が清涼殿に現れた。清涼殿前には舞台が設置され、鶴をさばくための板と庖丁、さばいた鶴を載せるための板紙と呼ばれるものが置かれている。なお、鶴の入った唐櫃を持って舞台に上がる者は二人、まな板を持って舞台に上がる者は三人で、いずれも白丁《はくちょう》という、白色の狩衣《かりぎぬ》を着た者が勤めたことが文政五年（一八二二）の鶴庖丁の記事から確認できる。

いよいよ鶴庖丁が始まる。鶴庖丁を勤める高橋宗恒は狩衣に烏帽子《えぼし》。附き従う四名の膳《かしわで》部《べ》は大紋という装束を着けている。膳部には高橋家なり、大隅家なりの門人や関係者が勤めた。例えば、明和五年（一七六八）の場合、大隅家の手代《てだい》である野村伝八と田中惣治、出入の商人である八百屋嘉左衛門、それに高橋家青侍《あおざむらい》であった。文政五年の場合、みな高橋家の庖丁道の門人で、勝瀬東作（阿波蜂須賀《あわはちすか》家家臣）・米沢喜三郎（京都町人）・中川千別（吉田神社神人《じにん》）・長谷川弥兵衛（京都町人）であった。このなかで、最も遠方な人物は蜂須賀家家臣の勝瀬東作であったが、彼はこの直前の文政四年九月二十九日に門人となった人物である。

舞台へと上がった高橋宗恒は天皇の方へ向かって、頭を下に付ける敬礼、すなわち頓首《とんしゅ》を行なう。頭を上げて、膝行《しっこう》しながら、まな板の前に付く。膝行とは、膝を付いたままで歩く動作のことで、神前であるとか、朝廷儀式で自分より目上の者の前に出る時などは必ずこの動作である。まな板の前に付いた高橋宗恒は両手の親指でまな板に触れる。これはまな板の状態を確認するため。次に、右手に庖丁を持ち、左手に箸を持つ。いよいよ、鶴の解体ショーの始まりである。最初に胴体を切る。次に左右の羽を三度撫でて、切る。庖丁で撫でるのか、箸で撫でるのかは判然としない。また、三度の意味についても不明である。次に鶴の首を三つに分け、胸を上下に切り分ける。最後に足を切り落として、切ったところを再び三度撫でた後に庖丁と箸を収める。これで鶴の解体ショーはおしまいだ。膝行で後ずさりをし（膝退という）、頓首をして、楽屋へ引き上げる。なお、文政五年の時は雨天であったため、賄所で傘を借りて、執り行なっている。雨天決行だ。

この後、舞御覧が行なわれるが、それが終わると、鶴料理＝「鶴御献」が振る舞われる。その数は天和二年の場合でも、堂上公家七五人前、非蔵人三二人前であり、これだけで一〇七人前である。その他、女中にも振る舞われるから、たいへんな作業であったものと察せられる。

無事に鶴庖丁を済ませた高橋宗恒は内侍所へ向かい、「首尾よく終わりました」と御礼をし、次に氏神社で同じように御礼を述べた。

御厨子所と口向役人

では、次に鶴庖丁でさばかれる鶴や諸道具をどのように確保したのか見てみたい。例えば、鶴庖丁で使用される鶴は口向役人の賄方が管理しており、前日に請け取っている（正徳五年正月十三日条など）。もちろん、生きた鶴ではないため、保存期間もかなり限られていることであろう。口向役人の賄方が調進するための食材を管理するということは富貴宮の色直しの際など、他の朝廷儀式と同様である。

さばいた鶴を置く板紙は奉書紙《ほうしょがみ》（楮《こうぞ》を原料とした厚手の紙）や檀紙《だんし》（楮を原料とした皺《しわ》の入った高級紙）を用いたが、それは宮中の女官である阿《あ》茶方《ちゃのかた》（女官のうち女嬬《にょじゅ》のトップで、諸道具の管轄）のもとで支給された（正徳五年正月十三日条など）。鶴をさばくためのまな板は御所の蔵に収められていて、前日に口向役人のうちでも比較的下級である仕丁《しちょう》頭に取り出してもらっている（天和二年正月十四日条など）。その際、何か不具合があった場合、口向役人の修理職《しゅりしき》に連絡し、調整してもらう。例えば、天和二年の時はまな板の表面を削ってもらっている。

ところで、鶴庖丁で用いられる鶴はどのような鶴であったのであろうか。江戸時代中期に成立した有職故実書『光台一覧』によれば、将軍が捕獲したいわゆる「御鷹之鶴」が天皇に献上され、それを鶴庖丁でさばいたというが、それは江戸時代初期のごく限られた事例であろう。武家側による天皇への贈答はそのまま継承され、鶴庖丁の鶴は別に確保していた。

明和八年（一七七二）正月十三日、御厨子所小預大隅庸言のもとに賄方よりひとつの問い合わせがあった。その内容とは、「今年はタンチョウヅルしかない。いつもの鶴が一羽もいないのだ。今年はタンチョウヅルでも構わないだろうか」というものである。これに対して「タンチョウヅルはめでたいものだから問題ないのではないか」と返答している。賄方は「もしいつもの鶴が手に入らなかったら、タンチョウヅルを渡す予定にしておこう」と述べており、鶴庖丁で用いる鶴がタンチョウヅルでないことがうかがえる。クロヅルやマナヅルであろう。

一方で、「いつもの鶴」が手に入らない状態ということは、すでに人間による乱獲の影響が出ているということだ。鷹狩《たかがり》好きの家康は江戸周辺で多くの鶴を捕獲したようだが、その問題が江戸時代後半には深刻になっていたといえる。実際、賄方でも確保できなかったことが多かったと見えて、享保十九年（一七三四）の時は御厨子所小預から有馬屋彦右衛門という者に生鶴を一羽調達させている。

ところで、「日記抄」には、賄方から鶴を支給される時、合わせて他の鳥も渡されている。例えば、正徳五年（一七一五）の時は鶴一羽のほかに白鳥二羽と雁一羽、有馬屋彦右衛門に生鶴を調達させた享保十九年の時は鴻雁《こうがん》（大きな雁）一羽と雁四羽、明和九年の時は鶴一羽のほかに雁三羽と「ひしくい」二羽であった。「ひしくい」とは、鴻と書き、鴻雁と同じ意味である。つまり、エンターテイメントとしての鶴庖丁はもちろん鶴をさばくが、その後の鶴料理は鶴だけではなかったことが想起されよう。これは鶴が高級であったことと、数が少なくなっていることのふたつの理由が考えられる。

鶴庖丁のウラ話

鶴庖丁は年に一度の晴れ舞台。しかも、御厨子所預と小預が隔年で勤めるため、その家にとっては二年に一度の大仕事だ。さきにも述べたように、氏神社などへ無事の勤めを祈願することからも彼らの心境がうかがえる。例えば、御厨子所小預大隅庸徳は正徳四年（一七一四）に初めて鶴庖丁を行なうが、父信時は気が気でなく、無事に勤務するという祈願のために八瀬妙伝寺で三日間の仏事執行をしている。もちろん準備も万端だ。「習礼」すなわち、練習も行なっている。しかし、必ずしもうまくいくばかりではない。その事例を見てみよう。

文化十五年（一八一八）正月十五日。御厨子所番衆大隅時式邸にて「庖丁板始」が行なわれた。新年にあたり、庖丁やまな板を初めて使うという儀式であると同時に、十九日に控えた鶴庖丁の習礼の意味もある。出席したのは御厨子所預高橋宗芳（二一五歳、従五位上若狭守《わかさのかみ》）、同小預大隅正直（四〇歳、従五位下備中守）、同番衆大隅時式（従五位下伊勢守、五二歳）とその息子である晴敏（従六位下丹波介、一五歳）をはじめとして、門人であると思われる中村伝蔵重道（御厨子所番衆手代）・徳田勒左衛門義勇（近衛家家臣）・牧野八百次郎好庖（小田原大久保家家臣）・長谷川弥兵衛智義（京都町人）・堀口文治（御厨子所小預手代）ほか、数名の見物人がいた。いつも鶴庖丁の直前に集まり、「庖丁板始」を行なった上で、宴会をするというサークルだ。

最初に中村伝蔵が鯉をさばいた。次に徳田勒左衛門が鴻雁をさばく。そうして、最後に御厨子所番衆大隅時式が鶴をさばくことになっていた。今年の鶴庖丁は御厨子所の最年長者である大隅時式が勤めるため、「庖丁板始」では最後の「大トリ」を勤めた。おごそかにまな板の前についた大隅時式は庖丁を右手に握り、さばこうとしたがなかなかさばけない。羽も胴体も切れないため、打ちつけてようやく切れたが、あまりにも見苦しい鶴の状態。さらに、鶴の胴体を切り込もうとした時、箸が真ん中から折れてしまった。しかも、庖丁の切れが悪く、仕方ないので高橋宗芳が替えの庖丁を渡した。ようやく、切り終えたが、大隅時式はあまりのことに呆然として、まな板の前から立つことさえできない（あるいは、単に足が痺《しび》れてしまっただけなのかもしれないが）。そこで他の者や見物人まで一緒になってようやく次の間まで彼を運ぶことができた。みな呆れ果てて、何も言うことができず、彼の妻は涙を流していた。

いつもなら「庖丁板始」を無事に終えて、酒を飲みながら、謡《うたい》や舞などを行なう新年会が行なわれるが、そのような気になれず、ほとんどの人びとは帰ってしまった。高橋宗芳のみ残って大隅時式に会ったところ、時式は「今回のような庖丁さばきは赤面の至りです。とても恥ずかしい」と述べたので、宗芳は「今回よくなかったなら、鶴庖丁当日は少しも心配ございません」と慰めて、深夜に帰宅した。

鶴庖丁の前日、大隅時式の妻が高橋邸を訪問し、「今晩、鶴を持参するから稽古をしてもらいたい」と言って来た。このことから考えて、年齢としては大隅時式の方が倍以上年上であるものの、御厨子所預の高橋宗芳の方が上手であったのであろう。この申し出に対し、「自分が滞りなく勤められるように致しますし、庖丁も研いでおきます。今晩は美味しいものでも食べ、腰でも揉んで上げるとよいでしょう。大丈夫、私が滞りなく勤めるように準備致します」と伝えたところ、時式の妻は安心したようである。しかし、そうはいったものの、「庖丁板始」での見苦しい状態を目のあたりにしている宗芳も不安だ。そこで、極秘に鶴をさばきやすいようにしておき、庖丁も念入りに研いでおいた。準備は寅の刻（午前二時頃）にまで及んでしまった。

確かに天皇以下多くの人びとの前に舞台が設置されてのパフォーマンス。非常に緊張するであろうし、ストレスも溜まったことであろう。おそらく、鶴庖丁当日の緊張は最高潮だと思われ、例えば、この話よりおよそ一三〇年ほど遡る天和二年（一六八二）の時は庖丁の端で右の親指を切ってしまった。もちろん血が出たが、「鶴庖丁の終わりの方だし、少しだから問題ない」と開き直っていることもあった。

御厨子所の門人たち

御厨子所預高橋家は四条流庖丁道を家職として伝え、やがては習いたい者たちが集まり、門人が形成されていった。高橋家による四条流庖丁道の伝授のスタートがいつ頃かわからない。既述のように、戦国時代や織豊《しょくほう》時代に高橋家と大隅家が鶴庖丁などを行なっていることから、庖丁道としての個々の家における伝承は江戸時代以前より進んでいたと想定される。

庖丁道入門

高橋家から他の人に伝承される場合、請書《うけしょ》や誓詞《せいし》(誓約書のこと)が高橋家に提出される。最も古いものは、「日記抄」に記されている寛永三年(一六二六)正月吉日のものである。現代語訳で記すと、「四条家鉋丁(庖丁)一流の相伝(伝承のこと)を得ることになりました。然《しか》るべきように御相伝を頼みたいと思います」という内容だ。差し出した人物は御厨子所小預大隅信正。時に一七歳。兄の信守は元和五年（一六一九）に亡くしており、すでに御厨子所小預に任じられていた（父信敦はすでに亡くなっているものと思われる）。

この寛永三年の請書は随分簡単な書式である。それが信正の後継者である信治（信正甥）の請書となると、請書の書式が長文になる。現代語訳すると次のようになる。

四条家庖丁一流の相伝を得ましたことは間違いございません。少しも残さずに然るべきように御相伝を頼みたいと思います。そうしましたならば、実子より他へは他言致しません。

大隅信治への相伝は正保四年（一六四七）正月十一日である。以後、大隅家は高橋家の門人となったようだが、請書や誓詞の類は提出していない。「実子より他へは他言致しません」という一文は裏を返せば、「御厨子所小預の家の息子に限っては相伝させていきます」という意味であるため、請書や誓詞がなくなったのであろう。ただし、すでに述べたように、十八世紀後半、借金などの問題により、御厨子所小預の職が転売されると、新たに大隅家を相続した人物は高橋家へ誓詞を提出している。その誓詞は「誓約之事」というタイトルで、「御《ご》当《とう》家《け》庖丁一流《ほうちょういちりゅう》御《ご》相伝《そうでん》を致しました上は、一子たりといえども相伝させるつもりはございませんこと、大小の神様に証拠として掲げるものでございます」と記している。ここでは、「一子たりといえども相伝させるつもりはない」と断言している点がそれまでの相違点として注目されよう。また、寛永と正保の大隅家による請書が「四条家庖丁一流」とあったものが、寛政の誓詞で「御当家庖丁一流」と変わっている点も重要だ。

以上のことから、御厨子所預高橋家は江戸時代の早い段階に庖丁道の相伝を小預大隅家に行なっているが、これは時の当主信正が若かったためであろう。後継者の信治についても、信正が二一歳で早世し、六歳で御厨子所小預を相続したために高橋家より相伝を受けたものと理解できる。その後、誓詞の提出は確認できなくなるが、大隅家が借金問題で名跡を他人へ譲ると、高橋家による相伝の管理が再スタートした。しかも、それは誓詞の形態であり、子どもへの相伝を認めない内容であった。

門人の傾向

次に、御厨子所預高橋家の庖丁道門人にはどのような人びとがいたのか、見てみよう。表2は江戸時代半ば以降の御厨子所預高橋家の門人について、わかる範囲で一覧にしたものだが、後述する四条家と異なって、その数も身分階層も多様であることがうかがえよう。詳細な紹介はできないが、ここでは特徴的な人物や集団、あるいは興味深い人物について触れる（人物名下のカッコは表2の番号に対応）。
①京都に勤めている幕臣の家臣。早い段階では十八世紀前半と思われる「永井丹波守」家臣の者が見える。永井丹波守とは、旗本で京都町奉行《まちぶぎょう》を務めた永井尚方のこと。また、川田木工（148）は阿部伊予守家臣だが、これは備後福山《びんごふくやま》一〇万石大名の阿部家と目され、

表2　御厨子預高橋家の庖丁道門人一覧

	御厨子所	門人名前	門人した年月日	備考
1	宗恒	大隅大炊頭信時	―	
2		矢部主膳正正賢	―	
3	親宗	大隅長門守庸徳	―	
4		早川所左衛門時定	―	
5		権大納言公澄	享保七・四・三〇	
6	宗直	六島清七	―	
7		鴻池善八	―	大坂
8		早川所左衛門時重	―	
9		三雲厚庵	―	
10		山本大介	―	大坂
11		生島肥後守	―	
12		竹田近江大掾	―	
13		安田右大史	―	
14		小野大炊允	―	
15		大隅雅楽権助	―	
16		徳岡大膳少進	―	
17		浅井伊兵衛	―	
18		佐々土佐守	―	
19		元木勘治	―	大坂

20	斎木小膳	―	江戸
21	奥崎六郎右衛門	―	大坂。兵部と改む
22	浅井源兵衛	―	大坂道修町一町目
23	永井丹波守	―	京都町奉行
24	伊勢村四郎五郎	―	
25	渡辺左一兵衛	―	永井丹波守家中用人
26	山脇市太夫	―	備前家中
27	松田衛守	―	永井丹波守家中用人
28	宇治田平左衛門	―	紀州家中
29	佐々木蔀	―	永井丹波守家中近習
30	宇治田平三	―	
31	高木又次郎	―	永井丹波守家中取次
32	宇治田平左衛門	―	
33	黒瀬□人	―	永井丹波守家中近習
34	大和屋作兵衛	―	大坂
35	櫛橋平之進	―	
36	海北若沖	―	大坂
37	芝田門三郎	―	
38	大黒越後守	―	大坂内平野町神明神主
39	横山宇兵衛	―	
40	岨山久次	―	大坂内平野町二町目
41	生島典膳	―	

42	平野屋又兵衛	―	大坂
43	奥田主税	―	
44	西池主水	―	上加茂
45	津田衛守	―	
46	福田万右衛門	―	
47	土山左近府生	―	
48	喜多善太夫	―	江戸
49	大島左馬少允	―	
50	大谷主殿	―	
51	信濃小路大膳進	―	
52	堀内源太夫	―	
53	森川太仲	―	江戸
54	栂井但馬守	―	
55	岡部衛士	―	江戸
56	吉見左京太夫	―	紀州東照宮神主
57	菅谷式部卿	―	
58	鈴木右近府生	―	
59	高室久兵衛	―	松平右衛門督内かやば町与力加藤又左衛門地内
60	根村宮内	―	信州
61	岡沢三郎兵衛	―	大坂
62	若松埒蔵	―	信州

63	下楠幸之進	—	安芸家中
64	早川所左衛門	—	
65	町口美濃守	—	
66	竹田近江	—	大坂
67	高屋遠江守	—	
68	里村順左衛門	—	
69	井上主膳	—	
70	住吉内記	—	
71	名古屋主膳	—	江戸
72	西茂兵衛	—	
73	奥村文治	—	
74	藤好本蔵	—	伊予宇和島
75	小磯源内	—	江戸
76	山田宗太夫	—	
77	清水土佐	—	下坂本
78	山田彦四郎	—	紀州
79	藤木修理	—	
80	岡村采女	—	
81	山本主殿	—	
82	橋本文左衛門	—	鍋島家中
83	神村源介	—	名古屋家中
84	大島左馬少允	—	

85	川村勝蔵	―	
86	亘兵馬	―	松平豊後守内
87	樋口欽蔵	―	岩国家中
88	芝田半治	―	江戸小浜周防守内
89	川上吉右衛門	―	大坂
90	長谷亀文	―	大坂老松町
91	桧垣大蔵	―	土州。後に江戸
92	塚本安太夫	―	酒井讃岐守内平四郎
93	鷹松十郎兵衛	―	
94	芝田兵左衛門	―	江戸
95	広瀬大和	―	丹州一宮神主
96	人見祐九郎	―	丹州
97	宮崎吉十郎	―	美濃
98	広瀬定次郎	―	
99	瓜生将監	―	
100	小林織右衛門	―	播州。愛五郎と改む
101	服部湊	―	
102	高橋大隅守	―	
103	松村兵蔵	―	
104	勢多左衛門尉	―	
105	戸川幸介	―	岩国家中

106	宮崎泉蔵	―	江戸
107	戸川貞五郎	―	
108	中津川庄蔵	―	池田
109	関口長十郎	―	
110	徳岡内蔵允	―	
111	杉田和泉守	―	南部
112	辻右馬権助	―	
113	多田主水	―	南都
114	林善蔵	―	江戸
115	高橋織部佑	―	御室
116	江田八郎右衛門	―	大坂
117	井上弥五郎	―	姫路
118	橋本宗親	―	尾州
119	八木六左衛門	―	
120	大塚市郎右衛門	―	
121	津久井市十郎	―	
122	沢村左衛門	―	
123	曽我部式部	―	
124	馬場志摩守	―	摂州三牧三島江
125	柴野彦介	―	
126	吉野武臣	―	水戸家中
127	斎藤寛治	―	

128	山本造酒	｜	
129	蔦木丹左衛門	｜	尾州家中
130	蔦木伊三郎	｜	尾州
131	遠山右内	｜	尾州
132	内藤次郎兵衛	｜	井上伊予守内
133	前田弥四郎	｜	一条与力
134	水口兵介	｜	
135	三沢右近府生	｜	
136	中西惣三郎	｜	
137	濱島奉膳	｜	
138	早川勝五郎	｜	
139	犬塚半外	｜	
140	川田木工	｜	井上伊予守家老
141	広瀬叶	｜	
142	丹留新吾	｜	
143	上野茂格	｜	酒井家中
144	幽月	｜	美濃
145	松本隼人	｜	
146	山中常誠	｜	
147	大隅日向守	｜	
148	川田木工	｜	阿部伊予守家中

149		豊島忠左衛門	―	
150		片山市郎左衛門	―	酒井雅楽頭家中
151		居飼嘉右衛門	―	
152		松島神四郎	―	
153		水口駿河	―	
154		谷口三右衛門	―	
155	宗之	早川造酒	―	
156		上野茂格	―	
157		藤木平三郎	―	
158		下川瀬平	―	
159		水口駿河	―	
160		粟津清治郎	―	
161		米田善六	―	
162		杉田新六	―	
163		荒木善兵衛	―	
164	宗孝	飯尾卯八啓命	寛政四・一・一四	太田備中守家中
165		屋代太郎吉弘賢	寛政四・一一・一四	
166		大隅備中守正直	寛政七・九・二七	御厨子所小預
167		大隅因幡守時式	寛政八・三・一〇	御厨子所番衆
168		田中藤兵衛富雅	寛政一〇・三・一六	松平紀伊守家中
169		浜野定四郎義一	文化五・一〇・一六	奥平大膳大夫家中
170		進藤忠造忠嘉	文化七・一・一五	御厨子所預手代

171		三戸判助基嗣	文化八・五・二二	吉川監物家中
172		石原小三郎武郡	文化八・九・三	一条殿家来
173		小浜秀二郎国秀	文化九・一・一七	勢州山田社家
174		千馬源兵衛光雅	文化九・二・一	大坂町人
175		原田元蔵幸一	文化九・五・一九	御厨子所預手代
176		徳岡内蔵大允盛敏	文化九・九・三	内蔵寮
177		堀口文治安治	文化九・一二・六	御厨子所小預手代
178		畠中久右衛門直春	文化一〇・一・二一	京都町人
179		長谷川弥兵衛賀義	文化一〇・一・二一	京都町人
180		清水金七寿栄	文化一〇・一・二三	京都町人
181		佐々木林吉近義	文化一〇・六・一	後桜町院仕丁
182		大隅丹波介時敏	文化一〇・九・一三	御厨子所番衆
183		寺田右内春彦	文化一〇・九・一八	御厨子所預手代
184		小林右兵衛志見則	文化一〇・一〇・六	山科前大納言家来
185		岩井藤七正伸	文化一二・一・晦	大坂町人
186		山形庄七親喜	文化一二・一・晦	大坂町人
187		森弥兵衛尚光	文化一二・一・晦	大坂町人
188		弓削善七定明	文化一二・四・一三	大坂町人
189		福村新兵衛庸光	文化一二・四・一三	大坂町人
190		松山吉右衛門陽馨	文化一二・四・一三	大坂町人
191	宗芳	広瀬道介直親	文化一三・二・二五	大久保加賀守家中

192	河合栄助親忠	文化一三・三・一八	大乗院門主家来
193	牧野八百次郎好庖	文化一三・三・二四	大久保加賀守家中
194	森寺大隅守常安	文化一三・四・八	三条家諸太夫
195	千場加五郎	文化一三	大坂町人
196	山跡亀吉	文化一三	大坂町人
197	小田理助重定	文化一三	大坂町人
198	川政庄左衛門宗奥	文化一三・一	大坂町人
199	吉田五郎兵衛久茂	文化一三・八	大坂町人
200	前田吉左衛門	文化一三・八	大坂町人
201	山口権七郎	文化一三	大坂町人
202	山田清兵衛義光	文化一三・一	大坂町人
203	舟木伝内光顕	文化一四・四・一二	前田加賀守家中
204	石黒半六杖信	文化一四・四・一四	前田加賀守家中
205	中村伝蔵重道	文化一四・六・一一	御厨子所番衆手代
206	徳田勒左衛門義勇	文化一四・七・六	近衛殿御家来
207	松岡清助辰方	文化一四・九・二九	有馬玄蕃頭家中
208	松岡次郎太郎行義	文化一四・九・二九	有馬玄蕃頭家中
209	宇佐美次三郎通明	文化一四・九・二九	有馬玄蕃頭家中
210	本間与一百里	文化一四・九・二九	田村右京太夫家中
211	石井治兵衛嘉孝	文化一四・九・二九	
212	田中利左衛門徳通	文化一四・九・二九	牧野越中守家中
213	大谷小仲太義衛	文化一四・九・二九	江戸浪人

214	田中信八徳風	文化一四・九・二九	牧野越中守家中
215	青木伴右衛門久邦	文化一四・九・二九	有馬玄蕃頭家中
216	多田正太郎章次	文化一四・九・五	近衛殿御家来
217	島村十次郎昌堅	文化一四・九・五	江戸浪人
218	鈴木甚兵衛重善	文化一四・一〇・三	江戸浪人
219	鈴木直之介重広	文化一四・一〇・三	江戸浪人
220	大屋金右衛門	文化一四・一〇・四	立花左近将監家中
221	島村宇八昌喜	文化一四・一〇・四	江戸浪人
222	吉田常次武矩	文化一四・一〇・四	牧野越中守家中
223	石原嘉兵衛光重	文化一五・一・六	京都町人
224	篠田九十九義近	文政元・六・一一	正親町家内
225	村上才助全国	文政元・一二	鷹司家御家来
226	須田友之進道信	文政二・二・一五	御厨子所預手代
227	中川出雲守長経	文政二・四・一〇	有栖川宮諸太夫
228	久保誠吾信近	文政二・六・二八	御厨子所小預手代
229	伊藤鉄蔵祐邑	文政三・一一・二一	御厨子所番衆手代
230	藤本内匠氏陳	文政四・一・三	富小路貞直卿家司
231	山田幾久一郎有年	文政四・一・一一	吉田社神供所司
232	大隅阿波介正席	文政四・一・二八	御厨子所小預
233	米沢喜三郎成福	文政四・一・二八	京都町人
234	藤井播磨守長甫	文政四・四・二七	御香具司

235	三上大和守景文	文政四・四・二八	院下北面
236	森丹後守徳辰	文政四・四・二八	久我家諸太夫
237	高江美都喜篤敬	文政四・四・二八	
238	久米翰左衛門春清	文政四・四・二八	
239	上田采女宣義	文政四・四・二八	高倉家家来
240	岡本伊予守保命	文政四・四・二九	
241	本多左京季康	文政四・四・二九	飛鳥井家家来
242	遠藤内記敬則	文政四・四・二九	飛鳥井家家来
243	深尾右兵衛権大尉職峰	文政四・五・一一	行事所。候葉室家
244	松島主殿忠知	文政四・五・一一	葉室家雑掌
245	横田重右衛門宗寿	文政四・五・一一	吉田社神供所司附神人
246	中川千別輔房	文政四・五・一一	吉田社神供所司炊男神人
247	勝瀬東作徳高	文政四・九・二九	松平阿波守家中
248	大村監物種文	文政五・閏一・六	二条家家来
249	吉田元次郎守昌	文政五・閏一・六	二条家家来
250	村岡外記為重	文政五・閏一・六	油小路家雑掌
251	久保右内信定	文政五・閏一・六	御厨子所小預手代
252	木村長左衛門重忠	文政五・閏一・六	清和院御門番
253	高木嘉兵衛家達	文政五・閏一・六	京都町人
254	山口権七郎勝義	文政五・閏一・九	大坂町人
255	吉野秀臣俊在	文政五・二・一二	水戸宰相殿家中
256	大島左馬大允友将	文政五・一一・二八	左馬寮

257	三輪数馬重述	文政五・一一・二八	御厨子所預家来
258	増本槇太行光	文政五・一一・二八	大隅備中守手代
259	若林半助亭口	文政五・一二・八	加賀中将殿家中
260	渡辺藤九郎尚房	文政八・一・一五	京都町人籠屋半兵衛子
261	宮田澄右衛門福影	文政八・四・一九	水戸宰相殿家中
262	平山平六郎泰坦	文政八・四・一九	水戸宰相殿家中
263	佐々木秀助山昌	文政八・一〇・一八	松平周防守家中
264	西村市之助	文政九・一・二三	京都町人丹波屋市兵衛子
265	沢村右衛門権大尉寿栄	文政一〇・一・一五	
266	中沢庄八郎盛明	文政一〇・一・一五	
267	関根三蔵常直	文政一〇・四・一一	水野越前守家中
268	渡辺源之進武純	文政一一・一・一四	御厨子所番衆手代
269	長谷川幾三郎雅知	文政一三・一・二七	長谷川弥兵衛知義男
270	吉田庄治盛忠	文政一三・二・八	
271	吉本平太左衛門義陳	天保三・二・二二	太田備中守家中
272	三雲甲三郎宗信	天保三・一二・三	
273	花林伊右衛門良房	天保五・二・六	
274	鈴木鎌次郎吉広	天保六・三・五	
275	土山右近将曹	天保六・六・一	
276	山岡五兵衛春隆	天保六・一二・二四	
277	前田武左衛門彦連	天保六・一二・二四	西本願寺家中

278		出口善蔵秀茂	天保六・一二・二四	阿州料理人。後に正介と改む
279		篠田左門武義	天保八・一・五	
280		片山林八行清	天保八・一・一七	松平伊豆守家中
281		田宮定次郎義親	天保九・一・一三	当家家来
282		石原幸次郎定富	天保九・九・一八	郡山家中
283		大隅丹波介時忱	天保一〇・六・三	御厨子所番衆
284		石田励蔵為則	天保一一・一・一〇	御厨子所番衆手代
285		増本専次郎行定	天保一一・一・一〇	御厨子所小預手代
286		畠中久右衛門為春	天保一一・一・一〇	京都町人
287		武藤蔵直延	天保一二・七・八	牧野備前守家中
288		青山源蔵	天保一三・一・一六	
289		山田半十郎	天保一三・一・一六	大文字屋
290		西村栄吉	天保一三・一・一六	丹波屋市兵衛三男
291		豊辺五左衛門	天保一三・一〇・一五	牧野備前守家中
292		渡辺七郎左衛門	天保一三・一〇・一五	
293		長谷長七	天保一四・一・一六	大坂町人岩井屋
294		吉川兵助	天保一四・九・一七	
295	宗愛	服部忠右衛門昌保	弘化二・一・七	大坂町人
296		服部久右衛門慶忠	弘化二・一・七	
297		片桐磯次郎儀邑	弘化二・一・一七	尾州家中
298		吉田直之輔朝胤	弘化二・六・一八	松平治部家出入料理人伊勢屋忠兵衛
299		大崎季次郎温恭	弘化三・一・一六	米津越中守家中

300	伊東杢兵衛充親	弘化四・五・二八	大坂町人
301	木村勝之進光治	弘化四・一〇・八	御厨子所番衆手代
302	川島左柳光明	嘉永元・三・一四	紀州家中。金田久米治の替名
303	橋村又左衛門豊種	嘉永二・一・一五	京都町人。木具屋
304	橋村又七	嘉永二・一・一五	京都町人。橋村又左衛門男
305	塩屋喜兵衛	嘉永二・八・一五	大坂町人
306	西村与兵衛	嘉永三・一・一八	京都町人。丹波屋
307	吉田伊兵衛	嘉永三・一一・一二	手代
308	土田佐兵衛	嘉永四・一・三	
309	福岡忠兵衛	嘉永五・一・一〇	
310	岸多鉞之助	嘉永五・七・五	手代
311	木村半兵衛	嘉永五・一一・二二	
312	近江屋政右衛門	嘉永六・一・九	
313	大隅阿波介正徴	嘉永六・八・四	御厨子所小預
314	小西弥三郎	嘉永六・一一・五	
315	児島清助	嘉永七・一・一八	奈良屋
316	西村市之助	安政三・一・八	
317	西村伊助	安政三・一・一五	丹波屋
318	横井守衛	安政三・一・一五	当家手代
319	波多野善右衛門	安政五・四・九	吉川監物家中
320	北川丹解	安政六・六	伊勢

321	森幸吉	安政六	
322	西村梶兵衛	安政六・一二・一五	本多主膳正家中
323	足立喜兵衛	安政七・一・一〇	大坂町人。塩屋
324	広瀬貞蔵	安政七・一・一一	当家手代
325	畑中元三郎	安政七・一・一五	文久元・八久右衛門と改む
326	高岡休四郎	安政七・一・一五	
327	鈴木田七右衛門	安政七・一・一五	
328	河内屋久兵衛	安政七・一・一六	
329	山本初蔵	安政七・二・一五	松平伯耆守家中
330	村田正造	安政七・一〇・一三	
331	大村吉之助	安政七・一〇・一三	
332	植邑伊兵衛	安政七・一〇・二〇	
333	井村儀兵衛	万延	
334	河勝彦平	万延	
335	白川亀次郎	万延二・一・一九	須磨屋伊兵衛子
336	小原弥三郎	万延二・一・二五	日野殿家中
337	石原織蔵	文久元・一二・三	松平時之助家中。石原幸次郎男
338	深町留五郎	文久元・一二・三	松平時之助家中
339	森寺大和守	文久二・二・一九	
340	土谷吉兵衛	文久二・二・一九	
341	須田有太郎	文久二・二・一九	
342	世良孫槌	文久二・一〇・八	長州家中

343	木村数馬	文久二・一〇・八	白川殿家来
344	高木内膳	文久二・一〇・一八	勧修寺家内
345	高木屋直三郎	文久二・一〇・二三	摂州武庫高木村
346	中村彦右衛門	文久二・一一・一六	薩州家中。臨期申込
347	大山清太夫	文久二・一一・一八	薩州家中。臨期申込
348	松華堂	文久二・一二・三	造花師
349	的場太右衛門	文久二・一二・三	
350	関根繁次	文久三・六・八	水野和泉守家中
351	関嘉蔵	文久四・二・一六	当家手代
352	茨木屋伊輔	文久四・三・二二	茨木屋別家内
353	西村啓太郎	文久四・七・一三	大久保加賀守家中
354	酒井常吉	文久四・七・一三	大久保加賀守家中
355	須磨屋亀次郎	文久四・一二・二八	
356	宮川登三郎	元治二・一・一七	立花飛騨守家中。臨期申込
357	今村喜左衛門	元治二・一・一七	佐竹右京大夫家中。臨期申込
358	鷲尾庫之助	元治二・一・一七	臨期申込
359	中村十兵衛	元治二・一・一七	臨期申込
360	山口喜兵衛	慶応元・閏五・一二	
361	福井午王之介	慶応元	大坂
362	名倉織之介	慶応元	大坂
363	黒田又兵衛	慶応元	大坂

364	黒田宇兵衛	慶応元	大坂
365	大植勘左衛門	慶応元	大坂
366	広瀬亀次郎	慶応元・一一	当家手代。広瀬貞蔵男
367	茨木屋直次郎	慶応元・一一・二二	茨木屋伊輔代手代
368	刀根格造	慶応二・一・七	
369	稲葉吉次郎	慶応二・一〇・二四	牧野越中守家中
370	若林泉左衛門	慶応二・一一・一七	加賀中納言家中
371	若林恒之助	慶応二・一一・一七	加賀中納言家中。若林泉左衛門男
372	石井治兵衛	明治元・一一・一八	
373	鈴木甚兵衛	明治元・一一・一八	
374	中島忠兵衛	明治元・一一・一八	造花師
375	長谷川磯五郎朝則	明治二・一〇・二	笠間藩
376	赤塚伊右衛門吉成	明治二・一〇・二	日本橋。万屋
377	赤塚栄三郎	明治二・一〇・二	赤塚伊右衛門男

典拠は石井泰次郎『続日本料理法大全』（第一出版、一九七〇年）。

おそらくのちに老中《ろうじゅう》となる阿部正右《あべまさすけ》が京都所司代《しょしだい》在任中（宝暦十～十四年）に門人となったのであろう。その点、江戸時代後半の人物については門人となった日にちが確認できるので、わかりやすい。飯尾卯八啓命（164）は遠江《とおとうみ》掛川《かけがわ》太田備中守《びっちゅうのかみ》家臣だが、門人となった寛政四年（一七九二）正月は太田《おおた》資愛《すけよし》が所司代在任中である。また、広瀬道介直親

(191)・牧野八百次郎好庖(193)、関根三蔵常直(267)、豊辺五左衛門(291)などはそれぞれ主君である大久保忠真《ただざね》、水野忠邦、牧野忠雅が所司代として京都にいた時期であり、主君の京都赴任が門人となる契機であったことがうかがえよう。

②竹田近江《たけだおうみ》(12・66)。竹田近江といえば、大坂で人気があったからくり芝居である竹本《たけもと》座《ざ》の座元《ざもと》。代々竹田近江を名乗っているため、庖丁道の門人になった人物が何代目かは不明ながら、初代竹田近江は寛文二年(一六六二)に道頓堀《どうとんぼり》に小屋を開場し、宝永元年(一七〇四)に死去したことから、初代と二代目のことであろうか。初代竹田近江の息子が作家として著名な竹田出雲《いずも》である。歌舞伎でも著名な『菅原伝授手習鑑《すがわらでんじゅてならいかがみ》』を編み出した人物だ。からくり芝居の技術は浄瑠璃《じょうるり》にも取り入れられた。

③海北若冲《かいほうじゃくちゅう》(36)。『万葉集』研究の第一人者である契沖《けいちゅう》の弟子で、『万葉集師説』『万葉集類林』『岑柏《しんぱく》歌集』などの著作が知られている。現在では高等学校の日本史の教科書にも名前が掲載される契沖であるが、海北若冲による契沖の研究足跡の整理がなかったなら、契沖はもとより『万葉集』に対する現代の理解も変わっていたかもしれない。

ところで、②の竹田近江にしろ、③の海北若冲にしろ、表2には多くの大坂の人物が見受けられる。この理由は判然としないものの、御厨子所預高橋家は長く摂津国今宮供御人《せっつのくにいまみやくごにん》という人びととの関係を持っていた。供御人とは、海や山の産物を天皇・朝廷へ納める人びとで、納める産物の独占販売権を有する集団であった。江戸時代に入ると供御人による独占販売権は低下したものと思われるが、朝廷とのつながりは強く持っていたようだ。特に、今宮供御人は御厨子所供御人であり、密接な関係があった。実際、天明八年（一七八八）の天明の大火に際しても、焼失した邸宅の後片付けや見舞いを今宮供御人が行なっている。このことから、高橋家の場合、大坂の人びととつながる要因が想起されよう。

④柴野彦介（125）。寛政の三博士として名の知られている柴野栗山《しばのりつざん》である。柴野栗山は讃岐《さぬき》国三木郡牟礼《むれ》村（現在の香川県高松市）に生まれ、江戸の昌平坂学問所《しょうへいざかがくもんしょ》で学んだ後、京都に赴き、高橋宗直に有職故実を学んだといわれている。後に徳島蜂須賀家に儒者として仕え、名声が広まり、ついには松平定信《まつだいらさだのぶ》のブレーンとして、寛政異学《かんせいいがく》の禁《きん》を主導する立場になっていった。おそらく、京都留学中に庖丁道の門人となったのであろう。

なお、彼の養子である碧海《へきかい》は天明の大火で罹災し、高橋家の別邸へと避難しており、親しい関係であったものと思われる〔西村慎太郎―二〇一〇年〕。

⑤屋代弘賢《やしろひろかた》（165）。幕府右筆《ゆうひつ》であり、この当時の著名な学者である。不忍池《しのばずのいけ》近くに「不《しの》忍文庫《ばずぶんこ》」と称する文庫蔵を三棟持ち、蔵書数は一〇万冊に及ぶほどであったといわれている。屋代弘賢は和歌を冷泉為村《れいぜいためむら》に、書を旗本《はたもと》の森尹祥《もりまさよし》に、和学を塙保己一《はなわほきいち》に学び、寛政四年（一七九二）には柴野栗山とともに畿内の寺社調査を行なっている。屋代弘賢が門人

となったのは同年十一月であることから、畿内での調査の途中、柴野栗山の紹介で高橋家を訪れたのであろう。

⑥松岡辰方《まつおかときかた》・行義《ゆきよし》（207・208）。筑前久留米有馬《くるめありま》家に仕えた有職故実家の親子。松岡辰方は塙保己一に和学を学び、屋代弘賢らとともに保己一の和学講談所を継承した。また、辰方・行義親子は高倉《たかくら》家の衣紋道《えもんどう》会頭を務め、多くの門人を抱えている〔井上容子―一九九五年〕。文化十四年（一八一七）九月二十九日に辰方・行義親子を含む九名が門人となっているが、本間百里《ほんまひやくり》（210）は一関《いちのせき》田村家家臣として衣紋道に従事した人物であり、大谷義衛（213）や青木久邦（215）は装束や調度品に関する著作が遺されていることから、衣紋道かあるいは何らかの有職故実に関わるサークルの仲間がいっせいに門人となったものと思われる。

なお、松岡行義は自身の日記『後松日記《ごしようにつき》』のなかで天保四年（一八三三）四月二十七日に上京し、高橋邸において行なわれた「庖丁ノ稽古」の様子を記している。「庖丁ノ稽古」には御厨子所預高橋宗芳（四〇歳）・息子の宗愛（一六歳。ただし、『後松日記』には一五歳と記されている）・御厨子所小預大隅正席（二一歳）がいた。それぞれ鯛や鯉をさばいたが、行義はその様子を見て「各厳然タリ（それぞれ厳かである）」と述べた上で、「とりわけ宗芳についてては感動してしまい言葉にならない」とまで記している。行義が不意に宗芳の手許を見ると左の小指が曲がっていて伸びていない。そのことを問うたところ、「幼い頃より真菜箸《まなばし》を持っているためなんですよ」と宗芳は答えた。さらに、宗芳は「高橋家の庖丁さばきに何の名前もない。細々した方法もない。ただ、大まかに定まっているだけ」と述べ、行義は「たいへん美談だ」と改めて感動している。「庖丁道」という名称をだけ見ると、家元がいて、秘伝があって、複雑な作法があるように考えがちだが、実際はそのようなものがないということがわかる。

庖丁道の門人になるには？

では、どうしたら高橋家の門人になれるのか。まず、高橋家に取り入るための推挙人が必要であるようだ。例えば、文政九年（一八二六）正月二十三日に丹波屋（西村）市兵衛の息子市之丞が入門しているが、その際の推挙人は今井小三郎という人物であった。丹波屋市兵衛は堂上公家平松家の拝賀（官位叙任や昇進に際し、天皇に謝意を述べる儀式）の勘定を勤めたり、元服の際に調進を行なったりしている京都の町人である（国文学研究資料館蔵平松家文書）。丹波屋（西村）市兵衛の息子市之丞入門に際して、礼物として扇子《せんす》一箱（三本入り）・金一〇〇疋（金一分《ぶ》）を高橋家は受け取っている。高橋家よりは祝いとして熨斗昆布《のしこんぶ》が渡された。また、同じ文政九年十月十五日には大坂の門人である山名井藤七ほか三名が高橋家を訪問している。これは当主である高橋宗孝の息子宗愛が初めて官位を叙任されたことの祝儀であるが、同時に千馬源兵衛（大坂江戸堀五町目の町人）という人物も伴って来て、入門することを求めてきた。千馬源兵衛は高橋家に金一〇〇疋、家臣の須田友之進へ南鐐《なんりよう》一片、その他の家来へも南鐐一片が差し出された。南鐐とは、安永元年（一七七二）から製造された銀貨で、一片は金二朱《しゆ》に相当したため、南鐐二朱銀という。

さて、千馬源兵衛は庖丁道入門のために高橋家を訪れたわけだが、高橋家に通って「おけいこごと」をすることが目的ではない。彼の目的は熨斗目長上下《のしめながかみしも》（腰のあたりに縞などを織り出した小袖の上に裃《かみしも》を着けた装束。長い袴を着用）の着用の許可であった。そこで、高橋宗孝は千馬に対して、「熨斗目長上下を晴れ庖丁の時に着用して構わない」という免許を発行した。このことをどのように考えればよいかといえば、すでに千馬は庖丁道を習得しており、熨斗目長上下を着用するために高橋家への入門をしたということであろう。必要なのは、高橋家の庖丁道としてのスキルではなく、熨斗目長上下着用の免許センターの役割である。このような公家の機能について、以前の研究は天皇・朝廷権威の有効性を声高に言っていたが、そうは短絡的に捉えられない。天皇・朝廷によるさまざまな免許が権威を帯びる場合もわずかながらあるかもしれないが、「晴れ庖丁の熨斗目長上下」はむしろ「コスプレ」免許以上の意味はあるまい。

一方、江戸時代後期は御厨子所小預大隅家も高橋家に誓詞を提出して門人になる必要があったと述べたが、大隅家も礼金を支払っている。天保十年（一八三九）六月三日に入門し、鶴庖丁譜《つるほうちょうふ》を伝授された大隅時忱《ときのぶ》（一四歳）の場合、太刀馬代として金一〇〇疋、息子に金二朱、妻へ絵半切《えはんきり》（絵や模様などのオシャレ紙で書状に用いた）、子ども二人へ団扇一本ずつ、家臣二人へ白銀一封ずつ（白銀は贈答用の銀貨）、下男・下女四人へ扇子二本ずつである。なお、この日の日記に当主高橋宗孝は、「小預の入門式がたいへん簡略なものになっている。ほかの芸道の入門とは違い、家業なのだから、何とかこのことを考えなくてはいけない」と心情を吐露している。高橋宗孝は家業として庖丁に関わっていることの矜持と家業ではない門人たちとの違いを明確に考えていたのであろう。

堂上公家四条家

江戸時代以前の四条家

ここまで、庖丁道を家職として継承し、鶴庖丁を天皇の前で披露した高橋家について述べてきた。では一方で、四条流庖丁道を継承したといわれている堂上公家《とうしょうくげ》四条家とはどのような家なのであろうか。

四条家のはじまり、藤原魚名

四条家の祖先は藤原鎌足《ふじわらのかまたり》の孫藤原房前《ふささき》の五男である魚名《うおな》にはじまる。藤原房前は聖武《しょうむ》天皇を補佐した藤原四兄弟の二男として名が知られている。この房前の末裔《まつえい》が藤原北家《ほっけ》と称された一族で、後の摂関家《せっかんけ》はもちろん多くの公家を輩出することとなった。

四条家の祖である藤原魚名は養老五年（七二一）生まれ。当時、父親の房前は参議を務めており、朝廷運営を担っていた時期である。天皇は女帝元正《げんしょう》天皇。政権の中心には元正天皇の義弟の長屋王《ながやおう》がいた（長屋王の妻吉備内親王《きびのないしんのう》が元正天皇の妹）。魚名が朝廷に関与するようになるのは天平年間（七二九〜七四九）の末期である。天平二十年（七四八）に従五位下に昇進した魚名は地方官を歴任し、天平宝字八年（七六四）九月に宮内省《くないしょう》のトップである宮内卿《くないきょう》となった。時はちょうど政権を担っていた藤原仲麻呂《なかまろ》（魚名の従兄弟）が謀反を企て、誅殺《ちゅうさつ》された直後である。神護景雲二年（七六八）、参議に昇進して政権の一翼を担うこととなった。女帝称徳《しょうとく》天皇の寵愛を受けた法王道鏡《どうきょう》とその一族が大きな勢力となっていた時代である。

二年後、称徳天皇は死亡する。魚名は兄の左大臣永手《ながて》、従兄弟の宿奈麻呂《すくなまろ》（良継《よしつぐ》）とともに、道鏡を失脚させ、新天皇として白壁王《しらかべおう》（光仁《こうにん》天皇）を即位させた。その後、大納言→内大臣と進み、光仁天皇の最晩年には左大臣に任じられ、朝廷のトップに立つこととなる。当時、「川辺大臣《かわべのだいじん》」と称していたようだ。しかし、天応二年（七八二）、魚名は突然罷《ひ》免《めん》され、息子たちともども流罪《るざい》となってしまう。流罪地へ赴く途中の摂津《せっつ》国難波《なにわ》にて発病し、帰京が赦《ゆる》されたものの、翌年、失意のうちに亡くなってしまった。この流罪は氷上《ひかみの》川継《かわつぐ》の乱に関わったものとも評価されているが詳細は不明である。

魚名には鷹取《たかとり》・鷲取《わしとり》・末茂《すえしげ》・藤成《ふじなり》（兼藤・兼成）・真鷹《またか》という五人の男子がいた。長男の鷹取は父の失脚後、石見守《いわみのかみ》として左遷され、父没後に京都へ戻るものの、すぐに死去してしまう。子孫は確認できない。四男の藤成は従四位上伊予《いよ》守で終わるが、彼の曽孫は東国にあって剛《ごう》の者として名高い俵藤太《たわらとうた》こと藤原秀郷《ひでさと》であるといわれており、大友《おおとも》・結城《ゆうき》・小山《おやま》氏ら、多くの武士たちは秀郷の末裔（秀郷流藤原氏）を称している。そして、二男鷲取の曽孫こそ、庖丁道の祖と称される山蔭《やまかげ》である。

庖丁道の祖といわれる山蔭

藤原山蔭は天長元年（八二四）に生まれ、仁和四年（八八八）まで生きた人物である。いわゆる摂関政治直前の時期を生き抜いた人物で、最後は従三位中納言まで進んでいる。山蔭は庖丁道の祖であることが知られており、彼が創建した吉田神社《よしだじんじゃ》には山蔭神社があり、多くの料理人の信仰を集めている。しかし、彼と庖丁道を結び付ける同時代の資料は皆無である。

一方、継子譚《ままこたん》や亀報恩譚《ほうおんたん》として、山蔭の名が登場する説話、いわゆる「山蔭中納言説話」が知られている〔星田公一―一九七四・一九七六年〕。ひとつは『今昔物語集《こんじゃくものがたりしゅう》』第一九巻第二九話である。簡単に概略を述べよう。

山蔭の息子のひとりが継母によって殺されようとして海に落とされた。家臣たちは一晩中必死に探したが見つからない。明け方になって、海上に漂うものを発見し、近寄って見ると、果たして大きな亀に乗ったその子であった。山蔭は大いに喜び、継母も不思議と思いつつ、同じように喜んだ。その後、山蔭が眠っていると、夢に亀が出てきて、「以前、淀川で鵜飼《うかい》に釣り上げられたのを助けていただいた亀です。なんとか御恩を返そうと思い、継母が子を海に落としたのを助けました」と述べたところで、目覚めた。山蔭は継母とその子を離して生活させ、やがて、如無と名づけて山階寺《やましな》の僧となった。山蔭没後、継母は如無に養われることとなった、というものである。もうひとつの説話は『長谷寺観音験記《はせでらかんのんげんき》』で、内容は類似しているが、落とされた子が山蔭で、父高房が登場する。

ところで、室町時代までの公家や武家の系譜を表した『尊卑分脈《そんぴぶんみやく》』を見ると、山蔭の子孫は地方官などを歴任し、脈々と続いているものの、途中で絶えてしまう。すなわち、庖丁道の祖である山蔭の子孫はのちの堂上公家四条家へとつながっているわけではない。では、堂上公家四条家はどのような人物から受け継がれたのであろうか。実は藤原魚名の三男末茂の子孫なのである。

魚名の三男藤原末茂とその末裔

末茂の系統を見てみよう。魚名の三男藤原末茂は父同様に罪を問われ、中衛府《ちゆうえふ》少将から土佐介《とさのすけ》に左遷《させん》された。中衛府とは、聖武《しようむ》天皇が設置した天皇親衛隊のひとつで、のちに近衛府《このえふ》へ併合された役職である。土佐へまさにそのまま出世すれば、朝廷運営に深く関与する公卿となったことであろう。土佐への左遷後、翌年には赦されたものの、地方官を歴任する程度で五位に止まり、没年もわかっていない。

末茂の息子である総継《ふさつぐ》も父同様に五位止まりの人生であった。ただし、総継の娘である沢子が仁明《にんみよう》天皇（八三三〜八五〇年在位）の后として時康《ときやす》親王（のちの光孝《こうこう》天皇）を出産したため、総継は贈《ぞう》太《だ》政《じよう》大臣《だいじん》（死後に贈られた太政大臣）となっている。

総継以後、末茂の末裔は四位・五位の地方官などを歴任する中下級官人の家となっていった。中納言にまで進んだ有穂《ありほ》という者もいるが、光孝天皇の従兄弟ということが幸いしたのかもしれない。有穂以降、二〇〇年ほどの間、公卿を輩出することなく、四位・五位の中下級官人として生きていった。

魚名の末裔で久しぶりに公卿を輩出したのは、有穂の弟の末裔である藤原顕季《あきすえ》である。六条烏《からす》丸《ま》に住して修理《しゆりのだいぶ》大夫の官職に任じられたため、「六条修理大夫」と称された人物である。この人物は母が白河《しらかわ》天皇の乳母であったことから、出世のきっかけを摑《つか》んだ。父祖同様、地方官を歴任するが、着実に蓄財したといわれ、応徳三年（一〇八六）には白河院政の要《かなめ》といえる院《いんのべつとう》別当に補任され、院政を支えていった。しかし、中下級の公家の家から立身し、政権運営の中心に登りつめたのは母が白河天皇の乳母という偶然だけではなかった。歌人として頭角を現し、自選和歌集『顕季集』をはじめとして、勅撰和歌集には五七首も採用されるほどの歌人であり、そのような才能が白河院の寵を受ける結果となったのであろう。

後の時代の話になるが、十三世紀前半にさまざまな芸能をもって活躍した中下級の公家たちはその功績によって公卿へと昇進する。これは芸能の才を求めようとする後鳥羽院《ごとばいん》の指向性と評価されている（高橋秀樹―二〇〇五年）。藤原顕季の事例はその先駆的なものといえよう。なお、顕季以後、顕輔《あきすけ》・清輔《きよすけ》と名歌人を生み出し、後にこの流派は「六条藤家歌学」と称される和歌の家となっていった。多くの歌学書を遺し、人麻呂影供《ひとまろえいぐ》（柿本人麻呂の肖像を掲げて歌を詠み、それを献ずる）の創始や大嘗会《だいじょうえ》和歌の詠進《えいしん》など、その後の和歌の世界に多大なる影響を遺していく（川上新一郎―一九九九年）。

堂上公家四条家の礎を築いた男たち

歌人として名を馳せた六条修理大夫藤原顕季であったが、「六条藤家歌学」の家が堂上公家四条家につながったわけではない。顕季の三男顕輔が「六条藤家歌学」を継承していくが、その次兄家保《いえやす》の系統が四条家の先祖にあたる。そして、顕季の三人の息子たち、長実《ながざね》・家保・顕輔はいずれも公卿に列し、繁栄の基礎を築くこととなった。それも白河院の重用《ちょうよう》があったためであろう。永長元年（一〇九六）、白河院の第一皇女媞子《ていし》内親王（郁芳門院《いくほうもんいん》）がわずか二一歳で没し、悲嘆の白河院は出家してしまうが、その際、顕季の息子である三兄弟は出家先の東北院まで付き従ったことが『中右記《ちゅうゆうき》』に記されている。白河院と顕季の息子たちの密接な関係がうかがえる逸話といえよう。

さて、話題を堂上公家四条家の祖にあたる家保に移そう。家保は兄長実や弟で「六条藤家歌学」を継承した顕輔と異なり、和歌で身を立てたわけではなかった。多くの公家と武家の系譜を記した『尊卑文脈』によれば、長実・顕輔ともに「歌人」と記されているが、家保にはそのような記載がない。家保は承暦四年（一〇八〇）に生まれ、郁芳門院蔵人《くろうど》を勤めた後、越前《えちぜん》・丹波《たんば》・丹後《たんご》・但馬《たじま》・伊予・近江《おうみ》といった地方官を歴任、最終的には正《しょう》三位参議の公卿に昇り、父同様、院別当に補された。なお、顕季の一族は白川に氏寺《うじでら》を建《こん》立《りゅう》し、それを善勝寺と称したため、一族の長は「善勝寺長者」と呼ばれたが、『尊卑文脈』を紐解くと、初代は顕季、二代目は長実、三代目は家保になっている。以後、「善勝寺長者」は家保の末裔のことを指すようになり、それが堂上公家・四条家へとつながっていったのである。

戦乱と四条家

さて、家保の息子家成《いえなり》、その家成の孫である隆房《たかふさ》は庖丁道とたいへん関係が深い人物であるので、章を改めて詳しく述べたい。ここでは南北朝の動乱における四条家を見てみよう。実は四条家のなかには庖丁ならぬ刀に持ち替えて、南朝方として活躍した人物がいるのだ。その人物は四条隆資《たかすけ》。後醍醐《ごだいご》天皇の側近である。『太平記《たいへいき》』には日野《ひの》俊基《としもと》とともに倒幕《とうばく》を画策していたと記されている。従三位権中納言在任中の元弘元年（一三三一）八月二十四日、後醍醐天皇は鎌倉幕府に対抗すべく、山城国笠置山《かさぎやま》（現在の京都府相楽《そうらく》郡笠置町）に立て籠もるが、隆資も天皇に付き従った。楠木正成ら幕府に不満を持つ多くの武士もこれに呼応し、挙兵することとなった。すぐに幕府軍は北条《ほうじょう》氏一門の大仏貞直《おさらぎさだなお》をはじめ、足利高氏（のちの尊氏《たかうじ》）や新田義貞《にったよしさだ》などの御家人らとともに笠置山を攻め、九月にはあっという間に陥落した。後醍醐天皇や天皇の側近である千《ち》種忠顕《くさただあき》が捕えられるなか、隆資は逃れて、出家したことが『増鏡《ますかがみ》』に記されている。

元弘二年、楠木正成は再度挙兵。翌年閏二年には流罪《るざい》となった後醍醐天皇が隠岐《おき》を脱出する。『太平記』によれば、隆資も軍勢を率いて京都を攻めたようだ。やがて、鎌倉幕府が倒れ、建武《けんむ》の新政がスタートすると、隆資は雑訴決断所《ざっそけつだんしょ》という所領に関する訴訟を決定する機関に属し、政権の運営の中心を担っていく。しかし、後醍醐天皇と足利尊氏が対立し（南北朝分裂）、天皇が吉野（現在の奈良県南部）に移動すると隆資もこれに従った。後醍醐天皇の死後、後村上《ごむらかみ》天皇にも仕え、四条畷《しじょうなわて》の戦いなどに参戦している。この戦いでは楠木正行《くすのきまさつら》などの武将が討死し、南朝方は大きなダメージを受けるが、隆資は吉野へと戻り、功として四条家にとっては初めて従一位に昇進している（官職は権大納言《ごんだいなごん》）。正平七年（南朝の年号。北朝は文和元年。一三五二）、一度は京都を奪った南朝方であったが、数万の足利軍に攻められ、後村上天皇は辛うじて大和へと逃れるものの、隆資は壮絶な討死を遂げている。

では、隆資の息子たちはどうだったであろうか。『尊卑分脈』によれば、この隆資の子のうち長男の左少将隆量《たかかず》は元弘三年に成敗《せいばい》された。おそらく、後醍醐天皇に呼応して、出家《しゅっけ》していた隆資が挙兵したことに伴い、鎌倉幕府に殺されたものと思われる。二男左少将隆定《たかさだ》は後醍醐天皇の息子である護貞親王に仕えていたが、護貞親王の流罪によって建武三年（一三三六）殺害された。三男隆任《たかとう》は木工頭《もくのかみ》に任じられた以外、詳細は不明。四男隆俊《たかとし》は父の死後、南朝方に仕えた四条家の当主となり、父同様、たびたび戦地へ赴いている。その功によって、四条家として初めて内大臣に昇進している。ただし、文中二年（南朝の年号。北朝は応安六年。一三七三）、幕府の大軍に攻められ、討死した。五男有資《ありすけ》は伊予国に赴き、南朝方の拠点を築いたが、詳細はわかっていない。このように南朝方に仕えた四条家は歴史の表舞台から姿を消した。

一方、北朝方に仕えた四条家も戦乱の世の中に翻弄されている。再び『尊卑分脈』をめくってみよう。系図上は隆資のはとこ（祖父同士が兄弟）に該当する隆宗《たかむね》は昇進が進んでおらず、ようやく三位に上がって間もない延文三年（一三五八）、夜盗によって殺害されている。その後、五代続けて権大納言に進み、うち四名は従一位に昇進している。しかし、その次の隆重《たかしげ》は天文六年（一五三七）、参議在任中の三一歳の時に駿河《するが》へ下向《げこう》。下向の理由は不明だが、戦国乱世による収入激減のため、戦国大名を頼ったものと見て間違いないであろう。翌年、父権大納言隆永《たかなが》が死去すると、急いで上洛するが、「狂気」によって出仕ができなくなってしまい、同八年死去してしまう（実は隆重は四条家にとって重要な人物なので、後でもう一度登場していただく）。

隆重の息子隆益《たかます》は九歳で四条家を継ぎ、参議まで昇進するが、わずか三七歳で死去。四条家は中納言冷泉為益《れいぜいためます》の息子隆昌《たかまさ》が相続する。隆昌も順調に従四位下左少将まで進み、山科言経《やましなときつね》の日記『言経卿記』によれば、本能寺《ほんのうじ》の変《へん》の前日の信長茶会に、他の堂上公家とども名前が見える。しかし、天正十三年（一五八五）に正親町《おおぎまち》天皇と山科言経との間で起きた京都西梅津における土地争論によって、言経と冷泉為満《ためみつ》（隆昌兄）は勅勘《ちょっかん》を蒙り、それに従う形で隆昌も出奔《しゅっぽん》した。以降、慶長六年（一六〇一）に勅免を受けるまで、出奔したままであった。なお、江戸時代の随筆『嘉良喜《からき》随筆』によれば、山科・冷泉・四条家の勅勘は宮中の女官であった絶世の美女勧修寺晴子《かじゅうじはるこ》（新上東門院晴子）の「嫉妬の事」によって流罪となったと記されている。ただし、この逸話はのちの猪熊事件《いのくまじけん》（堂上公家と女官たちの密通事件）との混同であるものと思われる。いずれにしても、こうして、江戸時代の四条家は波乱のなかで幕開けをする。

江戸時代の四条家と四条家流七家

江戸時代の四条家当主

ようやく、江戸時代にまで話を進めることができた。戦乱をくぐり抜けるも、波乱の幕開けとなった江戸時代の四条家。まず、江戸時代の四条家についで、その代々の当主を通観して特徴を考えてみよう。ここでは明治八年（一八七五）に時の当主であった四条隆謌《たかうた》が作成した「四条家譜」（東京大学史料編纂所蔵）を利用してみたい。なお、江戸時代の四条家当主については表3としてまとめた。

江戸時代の初めに当主であった隆昌は、すでに見たように天正十三年（一五八五）に出奔して、慶長六年（一六〇一）まで京に戻ることはなかった。帰京した時には四六歳だ。実は隆昌が出奔した直後、四条を名乗る人物が従五位下に叙されている。それは四条隆憲《たかのり》。隆昌の父である四条隆益の二男と記されているが、実は内大臣正親町公兄《おおぎまちきんえ》の孫。隆昌の出奔によって四条家が絶えることを危惧した朝廷が積極的に取り立てを進めたのではなかろうか。四条隆憲の末裔は堂上公家の櫛笥《くしげ》家として江戸時代を歩んでゆくので、別に述べたい。隆昌は出奔の影響からか、正四位下左中将までしか出世せず、慶長十八年に五八歳の生涯を閉じた。

隆昌の後、隆術《たかみち》・隆音《たかね》ともに参議まで昇進し公卿に列するものの、三〇歳代で亡くなってしまい、四条家の一族である山科言行《やましなときゆき》の息子である隆安《たかやす》（最初は言通。養子に入って隆盈《たかみつ》と改める）が継ぐ。そして、隆安はわずか一〇日ほどであるが、享保二年（一七一七）に権中納言に上った。参議を超える官職に任じられるのは、戦国時代の権大納言隆永が天文二年（一五三三）に官職を辞して以来、実におよそ一八〇年ぶりのことだ。思い出していただきたい、権大納言隆永といえば、その死後に息子隆重が「狂気」のため、朝廷への出仕ができなくなってしまったことを。隆重以降、出奔やら早世が続くいわば「四条家不遇の時代」からようやく脱することができたのは、江戸時代も真ん中に差しかかった頃であった。

しかし、隆安の息子隆春《たかはる》は参議で死亡してしまう。参議を辞した日に亡くなっていることから、急死だったのではなかろうか。なお、当時の公家や武家では本人が死亡した後も「体調が悪いので、息子に相続させたい」とか、「儀式に参加できない」とかいったような

参　議	権中納言	権大納言	備　考
—	—	—	天正13～慶長6出奔
寛永20.10.10(33) 寛永20.10.14	—	—	
寛文10.7.20(34)	—	—	
正徳2.12.21(50) 正徳5.8.6(53)	享保2.2.25(55) 享保2.3.7(55)	—	山科言行男
享保20.5.14(47) 元文3.8.9(50)	—	—	
宝暦12.11.5(33) 宝暦14.8.1(35)	宝暦14.8.1(35) 明和4.12.28(38)	明和4.12.28(38) 明和5.1.8(39)	正親町公通末男。寛政9.12.26従一位
天明9.9.16(34) 寛政9.9.24(42)	寛政9.9.24(42) 享和4.2.2(49)	享和4.2.2(49) 文化2.4.11(50)	
—	—	—	
文政11.7.11(37) 天保4.6.26(42)	天保4.6.26(42) 嘉永2.④.27(58)	嘉永2.④.27(58) 嘉永3.1.7(59)	四条隆師二男
—	—	—	
—	—	—	四条隆生二男。文久3国事御用掛寄人。文久3～慶応3下向

蔵)による。

辞退ないし昇進した日。

表3　近世四条家当主一覧

	生没年	叙　爵	従三位
隆昌	弘治2 慶長18(58)	元亀元(15)	—
隆術	慶長16 正保4(37)	慶長18(3)	寛永17(30)
隆音	寛永14 寛文4(34)	正保3(10)	寛文4(28)
隆安	寛文3 享保5(58)	寛文9(7)	元禄5(30)
隆春	元禄2 元文3(50)	元禄15(14)	享保11(38)
隆叙	享保15 寛政13(73)	享保21(7)	宝暦5(26)
隆師	宝暦6 文化8(56)	宝暦8(3)	安永6(22)
隆考	安永10 寛政13(21)	天明4(4)	—
隆生	寛政4 安政4(66)	文化2(14)	文政8(34)
隆美	文化12 天保5(20)	文政6(9)	—
隆謌	文政11 明治31(71)	天保5(7)	—

年月日は「四条家譜」(東京大学史料編纂所
(　)は年齢。
官位について各欄とも上段は叙任日、下段は

本人差し出しの書類が提出されている。これは死亡を秘して、スムーズな葬儀準備や後継者への相続準備が必要とされたためで、武家社会であったなら相続人が決定していない場合、大名家としての解散（改易）を意味する。もちろん、四代将軍家綱《いえつな》以降、死の直前の養子相続が認められたため、解散の危険はなくなったが、それでも相続人がいなければ、どのような問題が起こるか予測がつかない。そのような危険は公家にも付きまとっていたのだ。

隆春の没後相続したのは正親町公通《きんみち》の息子隆叙《たかのぶ》（もともと季栄《すえひで》）であった。「四条家譜」には「末男」と記されているが、実際は四男であり、長男・二男は早世、三男は裏辻《うらつじ》家、四男は四条家、五男は野宮《ののみや》家、六男は正親町家を相続した。正親町公通といえば、武家伝《ぶけてん》奏《そう》を勤め、妹の町子は元禄期の幕府の最高権力者である柳沢吉保《やなぎさわよしやす》の側室であり、山崎闇《やまざきあん》斎《さい》の垂加神道《すいかしんとう》に精通した人物として著名であろう。その影響があったとは思えないが、四条家としては異例の若さで権中納言に昇進し、さらにはわずか数日ながら、近世四条家初の権大納言に任じられている。しかも、その年齢は三八歳だ（位階は六九歳の時に従一位叙位）。理由は判然としないものの、末男として正親町家を相続した実連《さねつら》の官位昇進との兼ね合いから、隆叙の官位が異例なものとなったのであろう。実際、兄で裏辻家の養子となった実本《さねもと》は初代以来の参議昇進を果たし、弟で野宮家の養子となった定俊《さだとし》も初代以来の権大納言昇進となっている。

隆叙が先例となって、息子隆師《たかもろ》、孫隆生《たかあり》がともに権大納言にまで至っている。隆叙が官位昇進上の画期となったことは疑いない。ただし、これら江戸時代の四条家当主たちの具体的な事蹟は不明である。

四条家の家職

次に、四条家の家職《かしょく》について触れてみよう。家職についてはすでに述べているが四条家の家職は本書の中心であるので、重複を厭わず詳細に論じてみたい。公家家職が国家のなかで定められたのは豊臣《とよとみ》政権の文禄二年（一五九三）、関白《かんぱく》豊臣秀次《ひでつぐ》の上奏《じょうそう》によって後陽成《ごようぜい》天皇が下した「文禄年中諸家々業以下御沙汰事」というものである。では、この資料において四条家はどのように家職を定められているか。紐解いてみると、四条家については年齢が三〇歳に及んでいない者として「四条隆忠」が記されている。隆忠は四条隆憲の息子のことだ（後に隆致《たかむね》と称する）。四条隆憲、すなわち、天正十三年（一五八五）に正親町天皇と山科言経との間で起きた土地争論によって、勅勘を蒙った言経・冷泉為満（隆昌兄）とともに出奔した隆昌のあと、「四条」を名乗った人物である。隆憲は天正十九年に死亡しているため、京都に残った四条家の流れはこの隆忠のみであった。「文禄年中諸家々業以下御沙汰事」では、三〇歳以下の者に対し、「学問に励むように」と命じられている。庖丁道はもちろん、他の家職の項目にも四条家の名は記されていない。

四条隆昌が朝廷に復帰し、その後の子孫の早世などを乗り越えようとしている時期の四条家の家職について見てみよう。これも前の章で述べたが、寛文八年（一六六八）刊行の『諸家家業』のうち、「羽林《うりん》家」と「笙《しょう》」の項目に四条家が記されている。「羽林家」とは、家格《かかく》のことで、摂家《せっけ》・清華《せいが》家・大臣家に次ぎ、近衛府の少将→中将を経て、参議→中納言に進み、最後は大納言まで昇進する可能性のある家格のことである。近衛府とは、元来天皇の親衛隊の軍事組織。「羽林」は近衛府の別名だ。

一方、四条家は笙を家職とした。他に、笙を家職とした家は花山院《かざんのいん》・清水谷《しみずだに》・松木・山科家で、笙とは雅楽器のひとつである。では、なぜ、四条家も含むこの五家が笙を家職とすることになったのか。江戸時代以降、堂上公家に対する家業や学問の奨励が盛んとなっていった〔橋本政宣―二〇〇二年〕。それらの奨励策が契機となったことは疑いないものの、「なぜ笙か」「なぜこの五家か」という疑問に答える史料は管見の限り見つかっていない。なお、「文禄年中諸家々業以下御沙汰事」では、笙を家職としていたのは松木家のみ。花山院家は「有職《ゆうそく》」であり（これは清華家の家格であったためであろう）、清水谷家は記されていない（江戸時代に再興されたため）。山科家に至っては、琴と神楽に記されているが、『諸家家業』には笙と装束であった。これらのことを踏まえると、江戸時代以降の家職奨励を契機としつつも、その選択は随分と場当たり的であったのではなかろうか（この点、中世・戦国時代以来、和歌を家職としている冷泉家などとは異なるものと思われる）。四条家の場合もそのような状況のなかで、たまたま笙を選択したのであろう。

では、四条家の家職が庖丁道となったのはいつからか。文化十一年（一八一四）の奥書《おくがき》を持つ『諸家々業記』（『改定史籍集覧』一七）によれば、「附録」の項目に四条家に関する記載がある。それは次のようなものであった。

庖丁のことは四条家に相伝されていると聞く。料理をする者などへ伝授されていると聞く。もともとは庖丁のことだけではなく、「御献《ごこん》」といって、料理をはじめすべての座敷の飾り付けや配膳のことに至るまで四条家が相伝していたという。禁裏《きんり》に御献奉行と申す役人がおり、これは四条家に限らず他の堂上公家が勤めるが、「御献」については四条家が相伝してきたようだ。

『諸家々業記』を執筆した興田吉従《おきたよさえ》とは、興田箕山《きざん》と名乗った若狭小浜《わかさおばま》藩の儒者で、京都の藩邸にて家中の者たちの教育にあたった。奥書の文化十一年頃は藩主酒井忠進《さかいただゆき》が京都所司代《しょしだい》を勤めている時であり、所司代の業務に活用するため、調査・執筆させたものと思われる。

さて、『諸家々業記』の四条家の記述を見ると、①庖丁について相伝していること、②料理人への伝授をしていること、③座敷の飾り付けなど「御献」についても相伝していること、が明らかとなった。すなわち、文化十一年段階では、四条家の家職が庖丁道であり、それらが儒者興田箕山や料理人に認知されていたことがうかがえよう。ただし、注目すべきは『諸家々業記』の附録に記されているという点だ。四条家の庖丁道以外に、附録に記されている家職は剣璽《けんじ》（中山・庭田《にわた》）・医道（錦小路《にしきこうじ》）・卜筮《ぼくぜい》（伏原《ふせはら》）・鞍作り《くら》（山井《やまのい》）・相撲《すもう》（五条）・香（三条西《さんじょうにし》）・立花《りっか》（園《その》）であり、これら附録に記した家職については「多くは最近のことであって、しっかりと行なっていることではない。このような類の家職を尋ねたら、他にもあるに違いない」と結んでおり、十分に行なわれている家職ではないと興田箕山は理解していたようだ。したがって、ここでは十九世紀に至ると、四条家の庖丁道が知られるようになっており、この頃には相伝《そうでん》も成されていた側面もあったが、十全としていなかったと評価したい。

四条家流の旧家

次に、四条家の分家について見てみよう。四条家の分家として、江戸時代の最後、幕末まで生き抜いた家は本家である四条家以外に六家存在する。さきに述べた「六条藤家歌学」の六条家や南朝に仕えた四条隆資の末裔はいずれも江戸時代に至る前に断絶してしまっている。

最初に、天正年間（一五七三〜九二）に成立し、幕末まで脈々と家を伝えた四つの四条家分家、すなわち旧家の家々について触れたい。

①　山科家　四条家の基礎を築いた人物として、藤原家保を取り上げたことを思い出していただきたい。彼の息子家成については庖丁道と関係が深いので、後章で述べることになるが、その家成の六男実教にはじまる。山科家といえば、衣紋道《えもんどう》を伝えた家として著名であろう。戦国時代の日記として名高い『言継卿記《ときつぐきようき》』を遺し、織田信秀《おだのぶひで》・信長《のぶなが》父子との交渉役として、朝廷に重きをなした山科言継はこの家の当主だ。そのた

めか、江戸時代には四条家一族のなかでも最も大きな領地を治めていた（三〇〇石）。また、十九世紀前半には武家伝奏として山科忠言《ただとき》が朝廷運営の中心で活躍した。

②　西大路《にしおおじ》家　十三世紀前半の鎌倉時代を生きた四条家の当主・右京大夫《うきょうのだいぶ》隆綱《たかつな》から始まる家である。末裔は公卿に進んで行くが、文明五年（一四七三）、応仁《おうにん》の乱《らん》による血生臭い戦いの日々の頃、当主・参議隆範《たかのり》が遁世しまい、一度は断絶。江戸時代になって、広橋総光《ふさみつ》の二男隆郷《たかさと》が再興した。

③　鷲尾《わしのお》家　西大路家の祖である隆綱の弟で、四条家の当主となった権大納言隆親の三男である権中納言隆良《たかなが》から始まる家。名前の由来は四条家の山荘が京都東山《ひがしやま》の鷲尾（現在の霊山《りょうぜん》歴史館のあたり。霊山を鷲尾山とも称した）にあったことによる。江戸時代以前に断絶があるが、慶長六年（一六〇一）に四辻公遠《よつつじきみとお》の息子隆尚《たかなお》（もともと季満）が相続し、再興した。なお、隆尚に後継者がいなかったため、広橋兼勝《ひろはしかねかつ》（広橋総光父）の息子隆量《たかかず》が相続している。

④　油小路《あぶらのこうじ》家　西大路家の祖である隆綱、その孫左京《さきょう》大夫隆政《たかまさ》の二男である権大納言隆蔭《たかかげ》から始まる家。隆蔭は鎌倉時代末期から南北朝時代を生きた人物だが、一貫して北朝に仕え、光厳《こうごん》上皇の側近として院別当を勤めている。戦国時代に断絶したものの、江戸時代に広橋兼勝の息子隆基《たかもと》が相続している。十八世紀後半には油小路隆前《たかちか》が武家

伝奏を勤めている。

このように四条家分家のうち、旧家四家を概観した。山科家を除く三家はいずれも戦国時代のあたりに断絶し、江戸時代に再興されている。そして、いずれの家も広橋家の子弟が相続している。これは当時武家伝奏を勤めており、朝廷内外に権勢を誇った広橋兼勝による朝廷と公家の安定を目指した政策のひとつであると同時に、子弟の生活を確保しようとする意識によるものであろう。また、旧家とはいえ江戸時代以前に遡ることは稀であり、平安時代はもちろん、鎌倉・室町時代と異なる「新たな」公家身分の創出と言えるかもしれない。

四条家流の新家

次に天正年間（一五七三〜九二）以後に成立した新家《しんけ》を見てみよう。四条家分家の新家は二家である。

①櫛笥家《くしげ》　さきに江戸時代の初めに当主であった四条隆昌は天正十三年（一五八五）に出奔《しゅっぽん》し、その出奔中に朝廷には四条隆憲と名乗る人物がいたことを述べた。隆昌の父である四条隆益の二男と記されているが、実は内大臣正親町公兄の孫である。この人物からはじまるのが櫛笥家だ。隆憲は左少将までしか昇進せずに亡くなり、その弟隆致が相続するが、彼も左中将の時、三二歳で亡くなってしまう。しかし、隆致は没後に贈《ぞう》従一位左大臣となっている。これは隆致の娘隆子が後水尾《ごみずのお》天皇の后となり、

後西《ごさい》天皇を生んだことによる。また、十七世紀後半から十八世紀前半を生きた隆賀《たかよし》の娘賀子《よしこ》は東山天皇の后となり、中御門《なかみかど》天皇を生んでいる。そのため隆賀は新家としては希有の従一位内大臣に昇進した。近世後期には隆望《たかもち》が関白近衛前久《このえさきひさ》の近臣として、議奏《ぎそう》を勤め、朝廷運営を担っている。

② 八条家《はちじょう》　内大臣櫛笥隆賀の二男隆英《たかよし》を祖とする。従兄弟の中御門天皇とは一歳違いであり、以後、中御門・桜町《さくらまち》天皇らの側近として議奏や院伝奏《いんのてんそう》を勤めている。なお、院伝奏とは、院御所における一切を管轄する役職で、武家伝奏の院御所バージョンと理解していただきたい。

このように四条家の分家のうち新家である二家は四条隆憲の末裔であり、天皇の后を輩出することで、十八世紀の朝廷運営に大きな影響があった。本家である四条家が朝廷運営を担わなかったことと対照的であろう。

四条隆謌

隆謌誕生とその時の世界

江戸時代の四条家当主でとりわけ重要な人物は隆謌《たかうた》であろう。幕末の八月十八日の政変に敗れ、三条実美《さんじょうさねとみ》らとともに朝廷を去り、長州へと下って行った、いわゆる七卿《しちきょう》落《お》ちのひとりだ。その話はあとで述べるとして、最初に彼が誕生した時期について押さえておこう。なお、以下四条隆謌については「四条家譜」及び「四条隆謌事蹟」という資料を用いた（いずれも東京大学史料編纂所蔵）。

四条隆謌は文政十一年（一八二八）九月九日、菊の節句こと重陽《ちょうよう》の節句の日に誕生した。父は当時参議であった四条隆生。母は四条家に仕えた女性で、残念ながら名前は伝わっていない。父隆生はこの年の七月十一日に参議に昇進したばかりであり、二重の慶事であった。天保五年（一八三四）八月二十八日、七歳の時にはじめて従五位下の位に叙された。

当時の堂上公家としては七歳くらいで五位に叙されるのがほぼ通例であり、四条家にしても珍しいことではない。ただ、この叙位は同年六月に兄隆美が二〇歳の若さで死去したことによる。

同十二年十二月十四日、元服《げんぷく》と同時に昇殿《しょうでん》を許されている。すでに述べたように、昇殿とは内裏《だいり》の清涼殿《せいりょうでん》に上がる資格を得ることで、堂上公家の特権のひとつであり、堂上公家と他の身分の者を分かつひとつの指標だ。これによって隆謌は禁中《きんちゅう》における番、いわゆる禁裏小番《きんりこばん》を勤めることとなり、成人した堂上公家の仲間入りを果たすこととなった。

では、隆謌が生まれた文政十一年から元服した天保十二年とは、いったいどのような時代だったのであろうか。江戸では出版文化の興隆からさまざまな書物が生まれ、歌舞伎《かぶき》を中心とした諸芸能、そして、色鮮やかな錦絵《にしきえ》、という明るいイメージがある一方で（化政《かせい》文化《ぶんか》のひとつの捉え方としては誤りではないが）、村落部では貨幣経済の進展のため、対応しきれない弱者が生まれた時代。幕府は財政の立て直しのため、貨幣の改鋳《かいちゅう》と大量発行を繰り返し、物価はますます高騰していくという無策の時代。格差社会を後押しする政府という構図は何やら今の時代と酷似していよう。なお、当時の将軍は一一代家斉《いえなり》とその息子の一二代家慶《いえよし》。天保十年から水野忠邦《みずのただくに》が老中《ろうじゅう》首座に就き、いわゆる「天保《てんぽう》の改革」を推し進めている。天保八年には大塩平八郎《おおしおへいはちろう》によるテロが起こり、人びとを震撼させた。そのような時代に生まれ、少年時代を過ごした隆謌だが、残念ながら、彼がどのような遊びをし、何を学び、どう考えたかはまったくわからない。しかし、凶悪なテロや外国船の到来と幕府による軍事強化、また、彗星（ハレー彗星）の出現など、多感な少年時代にはあまりにもインパクトのある出来事であり、彼の思想形成に多大なる影響を及ぼしたであろう。

孝明天皇に仕えて

弘化三年（一八四六）二月、仁孝《にんこう》天皇の死を受けて、統仁《おさひと》親王が践祚《せんそ》（天皇の地位を引き継ぐこと）した。後の孝明《こうめい》天皇である。嘉永六年（一八五三）のペリー来航以後、孝明天皇は幕府の外交政策に対し批判し、無為無策の攘夷《じょうい》を訴えていった。多くの堂上公家や地下官人《じげかんじん》も孝明天皇に同調している。このことが孝明天皇をさらに強硬な攘夷論に傾け、呼応した人びとによって無謀な四国艦隊下関《しこくかんたいしものせき》砲撃事件や薩英戦争《さつえいせんそう》が引き起こされた。

さて、四条隆謌だが、ペリー来航から安政五年（一八五八）の井伊直弼《いいなおすけ》による大獄《たいごく》まで、目立った政治的な活動は見えない。安政五年に朝廷改革を訴えたり、前武家伝奏を糾弾する程度の建白《けんぱく》はしているが、多くの堂上公家とともに連署《れんしょ》しただけであり、主体的な活動とは評価できない。彼の政治活動が大きくなるのは、文久年間（一八六一〜六四）になってからである。文久二年五月、議奏の国事御用が多忙であるため、「書記御用掛」に任じられ、同年九月二十日には孝明天皇の近習《きんじゅう》に加わっている。おそらく、この頃には孝明天皇の側近として、攘夷の意識を強く持つに至ったものと思われる。

翌文久三年（一八六三）二月十四日には国事寄人《こくじよりうど》に任じられている。国事寄人とは、文久三年に国事参政とともに新設された朝廷内部の役職である。活動の実態は不明な点が多いが、隆謌のほか、正親町実徳《さねあつ》・三条西季知《すえとも》・滋野井《しげのい》実在《さねあり》・東園基敬《ひがしぞのもとゆき》・正親町公董《きんただ》・壬生《みぶ》基修《もとなが》・中山忠光《なかやまただみつ》・錦小路頼徳《よりのり》・沢宣嘉《さわのぶよし》の計一〇名が任じられた。国事寄人に任じられた公家は比較的若手の公家が多かった。ここに現れた人びとの名を記憶しておいていただきたい。あとで再度登場することになる名前が多いからだ。

さて、時の将軍家茂《いえもち》はこの年の五月十日に攘夷決行を宣言する。ただし、実際に攘夷を行なったのは長州《ちょうしゅう》藩のみで、馬関《ばかん》海峡を渡ろうとする外国船に砲撃を加えるという暴挙に出た。この他、幕府や他藩が攘夷を進めなかったことに激怒した国事寄人の数名は、七月六日に天皇親征《しんせい》を訴える。そのなかには隆謌も入っていた。とても非現実的、場当たり的な意見ではあるものの、当時の朝廷は過激な攘夷を訴えることが流行りであったのだから仕方ないといえよう。時に隆謌三六歳。この頃になると、孝明天皇は自分の意志ではない次元で物事が進んで行くことに焦燥感を抱き始めていた〔宮地正人―一九八一年〕。

文久三年七月十一日、隆謌は監察使として播磨国明石《あかし》（現在の兵庫県明石市）と淡路国洲本《すもと》（現在の兵庫県洲本市）に派遣されることとなる（同時に紀伊《きい》国へは東園基敬が派遣された)。これは天皇親征の際に戦場となるであろう海域を調査するためであり、過激な攘夷論の公家たちの意見を反映してのものである。天皇から天盃をいただいた上で、「寄木」という名の馬に跨って十七日に京都を出発した。水戸・福岡・岡山・津といった大大名の家中を率いての出京である。

七月二十二日、明石へ到着した隆謌は早速明石藩主の松平慶憲《まつだいらよしのり》と対面し、外国船の討ち払いを命じている。八月二日には明石を出発して、淡路島《あわじしま》へ渡っている。

そして、八月十六日、京都に戻った隆謌は孝明天皇に対して、明石と淡路の状況を伝え、その労に報いる形で、即日、従四位上に昇進している。一ヵ月ほどの巡検によって、天皇親征と自身が先鋒を勤める夢を見たに違いない。

長州へ

四条隆謌の転落は突如として起こった。文久三年(一八六三)八月十七日晩から十八日の明け方前にかけて、中川宮朝彦親王《なかがわのみやあさひこ》をはじめ、前関白近衛忠熈《ただひろ》・権大納言忠房《ただふさ》親子、右大臣二条斉敬《にじようなりゆき》らが会津《あいづ》・薩摩などの物々しい警備のなか、宮中に参内《さんだい》し、①孝明天皇の大和行幸中止、②国事参政・国事寄人の廃止、③三条実美以下一五名の廷臣の禁足《きんそく》(外出禁止)、④長州の禁門警護解任、などを決定した。いわゆる八月十八日の政変である。このうち、孝明天皇の大和行幸とは、八月十三日に決定されたことで、神武《じんむ》天皇陵を参拝して、攘夷の詔勅《しょうちょく》を発そうとしたものだ。そして、禁足命令のひとりが隆謌であった。
この時の様子について、内膳司《ないぜんし》濱島実庭《はましまさねなら》は日記（学習院大学史料館蔵）に克明に記している。

今暁寅の時刻（午前三時〜五時頃）、禁裏近くで鉄砲が放たれた。いろいろと噂はあってわからないけれども、三条邸へ武士が集まっている。武士たちの姿は鉢巻《はちまき》に手槍《てやり》を引き下げて、ある者は火事装束《かじしようぞく》であったり、ある者は甲冑《かつちゆう》を抱えて走ったり、ある者は騎馬にて走ったり。わずかの間で梨木町《なしのき》（公家町のひとつ）が武士でいっぱいになった。その様子は言葉に言い表せない。また、清和院門（御所へ通じる門のうち、東側の門）・堺町門（同じく南側の門）などすべての門は堂上公家であっても入れず、まったくどうしたことかわからない。そうしたところ、三条殿（三条実美）は狩衣《かりぎぬ》を着て、馬に乗り、武士を引き連れてどこへとも知れず南の方へ向かって行った。

臨場感溢れる記述だが、それもそのはずで、濱島邸と三条邸は同じ梨木町にあり、わずか二軒隣であった。濱島実庭は三条実美がどこへ向かったかわからなかったようだが、実際は長州の武士たちとともに関白鷹司輔煕《たかつかさすけひろ》邸へと向かった。しかし、鷹司輔煕もこの騒動に対しては何も成し得なかったようで、あまり御所に近いところで大勢の武士がいるのも恐れ多いと判断した三条実美ら七名公家は妙法院へと移動していった。しかし、結局そこでも事態の打開策は思いつかず、長州へ落ち行くことに決定した。三条家の侍で、後に元老院議官などの要職を勤めた尾崎三良《おざきさぶろう》によれば、雨天なのに傘もなく、びしょびしょの状態で、異様な姿であったため、街道沿いの住民が恐れて逃げてしまい、刀を抜いて恐喝して、駕籠《かご》を担がせたと述べている（『尾崎三良自叙略伝』）。

こうして西へ西へと逃れた堂上公家は全部で七名。正二位権中納言三条西季知（五三歳）・従三位権中納言三条実美（二七歳）・正四位下左少将東《ひがし》久世通禧《くぜみちとみ》（三一歳）・従四位上修理権大夫《しゅりごんのだいぶ》壬生基修（二九歳）・従四位上右馬頭《うまのかみ》錦小路頼徳（二七歳）・正五位下主水正《もんどのしょう》沢宣嘉、そして、四条隆謌である。彼らは海路で長州へと向かい、藩主毛利《もうり》家の別邸がある周防《すおう》国三田尻（現在の山口県防府《ほうふ》市）に落ち着いた。しかし、第一次長州征伐の後、慶応元年（一八六五）正月には太宰府《だざいふ》へと移ることとなった。その間、一緒に落ち延びた錦小路頼徳は病が重くなり、死去してしまう。隆謌としては辛く厳しい時期であった。

戊辰戦争従軍

慶応三年（一八六七）十月十四日、第一五代将軍徳川慶喜《とくがわよしのぶ》は大政を朝廷へ返上。朝廷側は引き続き慶喜に政権運営を担わせるが、二十四日に慶喜が征夷大将軍辞任を申し出たことによりこれを許可した。次の政権構想が不安定ななか、十二月九日の王政復古《おうせいふっこ》の大号令が出され、蟄居《ちっきょ》や追放を受けていた堂上公家が赦免されることとなった。もちろん、そのなかには四条隆謌ら太宰府に逃れていた面々も含まれていた。同日、もとの官職である従四位上侍従に復活している。赦免の一報は十四日に薩摩藩島津家家臣大山綱良《おおやまつなよし》からもたらされたようで、東久世通禧は喜びのあまり涙が止まらず、天恩はすばらしいと日記に書き記している。隆謌も同様であったであろう。

同月二十七日、久しぶりに京都の地を踏んだ隆謌。しかし、安穏としている余裕は皆無であった。隆謌の帰洛間もない翌慶応四年正月三日、旧幕府軍が大坂より伏見《ふしみ》にまで進軍してきた。これに対し、隆謌が撤兵を求める勅使として、派遣されることが決まったが、事態はさらに苛烈なものへとなっていく。旧幕府軍と薩摩の兵が戦端を開いてしまったのである。このいわゆる鳥羽《とば》・伏見の戦いは数に勝る旧幕府軍が有利であったものの、最終的には薩摩藩を中心とした兵が勝利を収めることとなった。こうして日本国内血を血で洗う戊辰戦争《ぼしんせんそう》へと突入してしまう。

戊辰戦争については多くの書物があるため、ここでは焦点を四条隆謌に絞って見ていこう。隆謌は戊辰戦争がはじまるとすぐに中国四国追討総督に任じられた仁和寺宮嘉彰《よしあき》親王に従い、錦旗《きんき》奉行、次いで、総督宮参謀に就任した。仁和寺宮嘉彰親王とは、伏見宮邦家《くにいえ》親王の皇子で仁和寺宮門跡《もんぜき》を勤め、後に小松宮彰仁《こまつのみやあきひと》親王と名乗った人物である。前年の十二月九日、すなわち、王政復古の大号令の日、新政府の人事が発表されたが、その折に還俗《げんぞく》し、一〇名の議定のうちのひとりに選出された人物である。戊辰戦争に際しては総督を勤め、各地を転戦した。なお、嘉彰親王は西南《せいなん》戦争・日清《にっしん》戦争にも参加し、日清戦争では征清大総督に任じられている。上野公園の中央広場の傍らの台座の上に馬上の銅像がある。

さて、仁和寺宮嘉彰親王と隆謌らの軍勢は薩摩・土佐《とさ》・安芸《あき》など諸藩兵を主力として、姫路《ひめじ》を攻めようとしていた。姫路は酒井家一五万石の城下町で、王政復古の大号令の後に当主酒井忠惇《さかいただとし》が老中に就任しており、すでに慶喜に従って江戸へ向かっていた。「お殿様」不在の姫路藩は早々に降伏し、他の大名家も次々に降伏していった。正月二十六日には中国四国地方の鎮圧が完了したため、姫路から大坂へ戻り、翌日、京都に凱旋している。

次いで、五月十五日には駿府表鎮撫使《すんぷおもてちんぶし》に任じられ、藤堂《とうどう》家（伊勢国津《いせつ》）・柳沢《やなぎさわ》家（大和郡山《やまとこおりやま》）・相良《さがら》家（肥後人吉《ひごひとよし》）らの軍勢を従えて、駿河国（現在の静岡県東部）へと向かった。特に敵対する勢力もなく、駿府から江戸へと入り、その地で奥州《おうしゅう》を征伐する総督に任じられ、今度は東北地方へと海路で向かう。小名浜《おなはま》（現在の福島県いわき市に存在する港町）に到着し、磐城《いわき》地方の戦いに参加した。伊達《だて》家・相馬《そうま》家などの大名の激しい抵抗にあうものの、九月十五日に仙台藩が降伏したことによって、隆謌軍の征討戦は勝利を収めた。その後、仙台に入ったため、悲劇で語られる会津戦争には直接関わってはいない。

大日本帝国陸軍の軍人として

戊辰戦争も一段落した明治二年（一八六九）、隆謌は陸軍少将に任じられた。翌三年十二月には豊後国《ぶんご》（現在の大分県）に「浮浪之徒」が潜伏しているという報を受け、巡察使《じゅんさつし》として日田《ひた》県へ出張した。従うのは二中隊というから、かなりの大軍であったのであろう。豊後国の「浮浪之徒」とは長州で反乱を起こした大楽《だいらく》源太郎《げんたろう》率いる者たちである。大楽源太郎はもともと長州の武士で、高杉晋作《たかすぎしんさく》や久坂玄瑞《くさかげんずい》らとともに尊皇攘夷運動を推進した人物。明治維新後は私塾を開設していた。大村益次郎《おおむらますじろう》事件などの嫌疑が掛けられ（大村を暗殺した人物が大楽源太郎の門下生だったことによる）、長州から九州に渡り、日田県庁を攻めようとしていた（大楽騒動）。

大楽騒動平定の後、大阪鎮台《ちんだい》司令長官（明治五年正月〜同七年四月十二日）、名古屋鎮台司令長官（明治七年四月十二日〜同十二年四月二十九日）などを歴任している。鎮台とは、明治四年に設置された陸軍の司令部のことで、東京・仙台・名古屋・大阪・広島・熊本に置かれた。同二十一年に師団という編制に改組されたため、鎮台は廃止されたが、各地の軍団のトップを隆謌が勤めていたことがわかろう。戊辰戦争で堂上公家が旗頭として戦争に参加することは少なくなかったものの、その後の陸軍制度確立期において、隆謌のように軍人として活躍の場を求めたものはほとんどいない。実際、明治維新政府において、隆謌をはじめとして、西園寺公望《さいおんじきんもち》・坊城俊章《ぼうじょうとしあや》・烏丸光徳《からすまるみつえ》・壬生基修などの堂上公家が陸軍将に任じられたものの、軍人として生きたのは隆謌と坊城俊章くらいであった〔浅見雅男一九九九年〕。隆謌は仙台鎮台司令長官辞職後、陸軍中将に昇進し、元老院議官に就任した。

なお、隆謌に関する資料は多く遺されているが、彼が庖丁道に関与した資料は他の当主同様確認できない。四条家と庖丁道の関係とは如何なるものなのか。多くの日本史の辞書にも四条家が庖丁道を家職としたことが記載されているが、どのような関係があったのか。すでに述べたように、十九世紀に至ると、四条家の庖丁道が知られており、この頃には相伝もされていたようだが、同時代には「最近のことであって、しっかりと行なっていることではない」という評価に過ぎなかった。そこで、章を改めて、四条家に伝わり、現在宮内庁書陵部に所蔵されている「四条家庖丁道入門関係書」の分析をしてみよう。この資料群には四条家の庖丁道がどのように「伝統」となっていったかのヒントが多く隠されているのだから。

庖丁道の秘伝書と堂上公家四条家

「御家元庖丁道御縁記」

河辺左大臣魚名・山蔭・家成

「御家元庖丁道御縁記《おいえもとほうちょうどうごえんぎ》」という由緒書《ゆいしょがき》が宮内庁書陵部蔵「四条《しじょう》家庖丁道入門関係書」のなかにある。巻き物仕立てになっていて、成立年月日は不明だが、最後に「四条御殿献道御役所」と記されており、角印が押されているものだ。「縁記」は「縁起」の当て字であり、この巻き物が由緒書であることを表していよう。以下、この由緒書の内容を詳しく見ることによって、四条家の庖丁道を検討する足掛かりになると思われるため、全文の現代語訳を掲載し、その解説を述べていきたい。冒頭は次のような一文から始まっている。

そもそも日本最初の庖丁道御家元というのは四条家の元祖である河辺左大臣藤原《ふじわらの》魚《うお》名《な》公をはじまりとして、四条家に昔より庖丁古伝の式法を伝えているために四条流と称した。皇国（＝日本）は万国に比べて山海の魚や鳥に至るまでたいへんおいしい味の食材があるというが、そのおいしさの味わい方を知らなかった。これを残念にお思いになった魚名公は庖丁道を編み出し、山蔭《やまかげ》中納言へ委ねた。山蔭卿は稀代の御名人であったため、庖丁道の秘術に尽力して世に伝え、御当家（＝四条家）にその奥義を授けた。

その後、一二代後の家成《いえなり》卿は故実《こじつ》を正して、有職《ゆうそく》はもちろん、いくさの出陣の御祝《ごしゆう》儀《ぎ》に至るまで庖丁道の式法を定めた。保延二年（一一三六）に白河《しらかわ》天皇の御前において鯉庖丁《こいほうちよう》を勤めて、公卿《くぎよう》・殿上人《てんじようびと》の目を驚かせた。

藤原魚名が藤原四兄弟の二男房前《ふささき》の息子であることは、すでに述べたとおりである。「御家元庖丁道御縁記」の冒頭では、魚名によって編み出され、山蔭によって奥義《おうぎ》・秘術が確立したと述べている。しかし、魚名・山蔭が料理に関与したという歴史的な事実は資料上確認できない。

一方、「家成卿」とは鳥羽《とば》院政期に鳥羽院の側近として活躍し、中納言まで昇進した公卿。保延二年とは家成三〇歳のときで、従三位《じゆさんみ》に昇って、公卿となった年である。この藤原家成、料理に関する逸話が著名な説話集『古今著聞集《ここんちよもんじゆう》』に記載されている。その六二六段によれば、保延六年十月十二日に崇徳《すとく》天皇が鳥羽上皇のもとを訪れた折、家成に対し、

「庖丁をすべきよし」の沙汰があり、固辞したのだが、目の前に鯉が置かれてしまったので、やむを得ず鯉をさばいた。居並んだ公卿・殿上人はたいへん面白く、感心して眺めたという。この藤原家成の末裔こそ、堂上公家四条家である。すなわち、「六条藤家《とうけ》歌学」を継承した顕輔《あきすけ》の兄で、白河《しらかわ》院の院別当《いんのべっとう》を勤めた家保《いえやす》の息子が家成である。

藤原魚名・山蔭と庖丁道との関係が同時代の資料に現れないのに対し、日付の相違はあるものの、『古今著聞集』には家成の記述があり、「御家元庖丁道御縁記」の内容とほぼ合致する。ただし、「御家元庖丁道御縁記」の記述が「白河天皇の御前」と表現されている点は注目すべきだ。なぜなら、『古今著聞集』の原文では「白川仙洞《せんとう》」と記されているが、この「白川仙洞」とは鳥羽上皇のことであるためである。おそらく、素材として取り上げた『古今著聞集』の史料解釈を行なわず、「白川仙洞」という文字だけ見て、「白川仙洞＝白河天皇」と理解してしまったのであろう。すなわち、家成の鯉庖丁に関する記述は「御家元庖丁道御縁記」のオリジナルではなく、『古今著聞集』の記述を受けての引用であり、「御家元庖丁道御縁記」が『古今著聞集』流布後（早くても江戸時代半ば）の作品であることをうかがわせる。

神功皇后の伝説

次に、「御家元庖丁道御縁記」は安芸《あき》国（現在の広島県の西部）の伝説を記している。その伝説とは、神功《じんぐう》皇后の三韓《さんかん》征伐に関するものである。

また昔より安芸国豊田郡能地浦《のうじうら》の浮鯛《うきだい》は三韓征伐の時、神功皇后がここに到着した際、鯛が多く船のそばへ集まってきた。その時、神功皇后は鯛に酒を注いだところ、すぐに酔っ払って浮き上がった。海人《あま》がその魚をすくって献上する時、丸い器に入れて、頭の上に載せてやって来た。器をはんぼうと言った。皇后はこの浦の海人・海女にはんぼうの使用を公的に許可した。今でも頭に載せて魚を取り扱っている。また、皇后は浮浜の漁場での漁を許可して、このところの海人はどこでも漁をしても構わないと言う。

皇后はこのあたりの山へ登って、四方の平野を御覧になり、「よい土地ですね。五穀《ごこく》豊穣《ほうじょう》になるでしょう」と述べた。このためこのところを能地と称した。また、山の上に八幡宮が鎮座しているところがある。

皇后はこの浦で海神に奉幣《ほうへい》したが、いまそのところに浮幣《うきへい》の御社がある。皇后は海神を祀って、幣を安置した。また、浮鯛はいまでも毎年二月から三月にかけて沖の方へどうしたわけか浮き出て、あまねく酒に酔っているが如しだ。そのまま捨て置けば、しばらくして躍り出したり海中に入ったりしており、浮き上がってきたところをすくい上げる。その魚の赤いことといったらまるで紅粉《べにこ》のようだ。鱗が光って美しいこと

図６　八幡宮（現在は幸崎神社）

> は尋常の鯛より優っている。浮幣の浜より一〇町ばかり沖の方に五、六町の浮浜が出現する。この浜にハマグリに似ている紅色があるものを女臈貝《じょろうがい》といった。

「安芸国豊田郡能地浦」とは、現在の広島県三原《みはら》市幸崎町能地のことで、瀬戸内海沿岸の漁業が盛んな地のひとつである。戦国時代には小早川水軍《こばやかわすいぐん》の根拠地であり、江戸時代には広島藩領（一時期、三次藩領）として、漁業に従事する人びとが半数にのぼった。ここに記された浮鯛はすでに途絶えてしまった漁法・浮鯛漁のことで、網で鯛をすくうという珍しいものだ。

この地を訪れたのが第一四代天皇であ

る仲哀《ちゅうあい》天皇の妻神功皇后。応神《おうじん》天皇の母といわれている伝説の人物だ。神功皇后は応神天皇を妊娠したまま朝鮮半島への侵略戦争を行ない、新羅《しらぎ》国（朝鮮半島南東部）を降伏させ、高句麗《こうくり》（朝鮮半島北部）・百済《くだら》（朝鮮半島南西部）からも朝貢の約束を取り付けて凱旋したという逸話（三韓征伐）は著名であろう。なお、神功皇后は日本初の肖像入り紙幣に描かれた人物でもある（明治十四年発行一円券）。

さて、神功皇后と能地との関係については「浮鯛抄《うきだいしょう》」という巻物に「御家元庖丁道御縁記」と全く同じ伝承が掲載されている。「浮鯛抄」についてはあとで詳細に述べるが、その冒頭は『日本書紀《にほんしょき》』の記述をもとにしているようだ。『日本書紀』の記述とは、仲哀天皇二年六月の記事で、この時神功皇后は「鹿角《つぬが》」という土地にいた。天皇は熊襲《くまそ》（九州を根拠地とし、大和朝廷に対抗したとされる部族）を征伐するために「豊浦津《とゆらのつ》」（現在の山口県下関市）に出兵しており、皇后をこの地に招いたところ、「鹿角」を出発して「渟田門《ぬたのと》」に至った。その「渟田門」で皇后が船上で食事をしていた時、乗っていた船に鯛がたくさん集まって来たので、酒を注いだところ、鯛は酔って、浮き上がってきた。漁師たちはこの魚を獲って、皇后が下さった魚だ、と感謝したという。まさに、「御家元庖丁道御縁記」で記された伝承と類似しているであろう。

では、ここに記された「渟田門」は能地のことなのであろうか。そもそも「鹿角」は現在の福井県の敦賀《つるが》のことであるといわれている。敦賀はもともと「鹿角」と記したが、のちに「敦賀」と改称された。敦賀から「豊浦津」＝山口県下関市に向かうのに瀬戸内海を通るのはおかしいと疑問をもった小浜の国学者伴信友《ばんのぶとも》は「渟田門」を若狭国に比定する（『若狭国神社私考』）。

一方、「浮鯛抄」に見えるように安芸国の能地に比定したのは江戸時代の国語学研究者である谷川士清《たにかわことすが》だ。『日本書紀』の記述をどのように理解するか、「渟田門」は若狭なのか、能地なのかはなかなか難解な問題であり、解答は出ないであろう。それよりも有効な分析として、「『渟田門』の神功皇后伝承がどのように認識されていったか」という歴史認識の視角である。そこで、能地において神功皇后伝承がいつから語られるようになっていったのかを検討すると、さきに挙げた「浮鯛抄」、頼春水《らいしゅんすい》（頼山陽《さんよう》の父）「味方志」、堂上公家芝山持豊《しばやまもちとよ》らによる「浮鯛和歌幷序」など江戸時代中後期以降の史料であることに気付かされる。すなわち、これは神功皇后伝承と能地との関係が意識化（発見、あるいは創出）されたのが、江戸時代中期以降だということを如実に表しているといえよう。

平清盛と一四代隆房

神功皇后の話の次は平　清盛《たいらのきよもり》と藤原　隆房《ふじわらのたかふさ》。舞台は神功皇后の時と同じく安芸国豊田郡能地である。

一四代の隆房卿はこの女臈貝を取らせて、この地の女性に下された。またこの貝を所持すれば結婚が早くできるという。仁安年中（一一六六～六八）に安芸国能地浦にて平相国《へいしょうこく》清盛公が浮鯛を取らせている時、隆房卿に料理を乞われたので、石の上にて料理なさった。いま浮幣の海辺に俎《まないた》石というものがあり、このことだ。

まず、平清盛といえば、武家として初めて朝廷を牛耳った人物として、大河ドラマや『平家物語《へいけものがたり》』などでも馴染み深いキャラクターであろう。一方、その清盛を前に料理を見せた一四代の隆房とは『古今著聞集』に登場し、崇徳天皇の前で庖丁さばきを見せた藤原家成の孫にあたる人物である。この逸話は「御家元庖丁道御縁記」にしか見えない逸話だが、先ほども紹介した「浮鯛抄」にも清盛と隆房に関する記述が見られる。

「浮鯛抄」における清盛についての記述は、「平相国清盛がこの浦にて浮鯛魚をすくわせた。磯辺の石山で料理するのを見て、生き板石といい、それは現在も浮幣社の海辺にある」というものである。一方、隆房についての記述はこの浦で「海の面霞のうちに色はへてうくてふ魚やなみの初花」と詠んだというものである。「御家元庖丁道御縁記」では、清盛と隆房の逸話が一緒になっていて、しかも隆房による料理の記述があるものの、「浮鯛抄」には見えない。このことをどのように理解するかは、後に述べるとして、「御家元庖丁道御縁記」の記述をもう少し追ってみよう。

四条流の分派

ここで「御家元庖丁道御縁記」の話題は、能地浦を離れ、四条流庖丁道の分かれあるとする各流派について記している。

代々、高名な庖丁名人があり、数えられない。世間には小笠原流《おがさわらりゅう》庖丁道があって、中興《ちゅうこう》の名人細川兵部大輔藤孝《ほそかわひようぶたいぶふじたか》は当御殿の御家伝を受けて、その後、小笠原家へ譲り、天正年中（一五七三〜九二）に上原豊前《ぶぜん》守・岡本信濃《しなの》守、慶長年中（一五九六〜一六一五）に薗部和泉《いずみ》守・高橋五左衛門などが当御殿に従ってその流法を守り、御免許を授けられた。宝永年中（一七〇四〜一〇）に岡本三左衛門重憲が岡本流を興した。福田左兵衛清春は福田流を開基した。そのほか、伊勢流・武田流・吉良《きら》流・曽我《そが》流というけれども、みな当御殿の末流である。現在、生間《いかま》流とあるものは二六代隆重《たかしげ》卿御門人だったが、流法に背いたため、破門《はもん》させられた。

最初に登場するのは、戦国武将細川藤孝。織田信長の家臣として、また当代一流の文化人として、後の熊本藩の礎を築いた人物である。むしろ、隠居後の細川幽斎《ゆうさい》という名の方が著名であろう。細川幽斎が庖丁道の名人であったことは明治二年（一八六九）に刊行された岡谷繁実《おかのやしげざね》『名将言行録』に本願寺准如《ほんがんじじゅんにょ》の前で鱸《すずき》庖丁を披露した話や鯉に刺していた火箸ごと切った話などが掲載されているが、同時代の史料である山科言経《やましなときつね》『言経卿記』にも鯉庖丁を披露した記事が見られる（文禄三年五月四日条など）。しかし、彼が四条家当主から庖丁道を伝授されたという史料は確認できない。上原豊前守・岡本信濃守の両名については同名の戦国武将がいるものの、年代が合わず、詳細は不明である（上原氏は丹波国守護代、岡本氏は下野国国人《しもつけのくにこくじん》）。薗部和泉守は、薗部流と称される庖丁道の流派の祖であり、後に宮内省大膳職《だいぜんしき》庖丁師範石井治兵衛《いしいじへい》はこの流れであるという（石井治兵衛は江戸時代も料理に関わる生業をしていた。また、治兵衛の息子泰次郎は料理研究の第一人者であり、『日本料理法大全』を著した）。

　このように四条流から多くの流派が分かれていったと記しているが、そのなかにあって脈々と継承されている生間流については「二六代隆重卿」に破門されたとある。「二六代隆重卿」。この人物は四条家庖丁道を考える上で鍵となるので、後でもう一度検討してみるとして、「御家元庖丁道御縁記」本文をさらに見ていきたい。

　　最後に「河辺の御社」に関する記述で「御家元庖丁道御縁記」は終わっている。

「河辺の御社」

　昔より禁中御膳掛り御板元方は御門下として従って、御当家の流法を守り、国々に庖丁道の御会頭を設置して、世上に御門人が多くいることは人びとの知るところである。山海の魚や鳥に至るまで、日用の食事はまったく庖丁式の祖神の恩徳である。すなわち、この神を昔から祀っている。例年七月二十五日に御神事、十一月二十五日に御火《おひ》焚《たき》を行なっている。庖丁を取り扱う者はもちろん山海の漁師・猟師に至るまで渡世の根源である。信ずる輩は河辺の御社を拝んで、すなわちその御冥《みよう》加《が》を考えるべきである。

「河辺の御社」の信仰を述べ、七月二十五日に御神事、十一月二十五日に御火焚を行なうと記している。「河辺の御社」とは、どの神社のことか不明であるが、安政六年（一八五九）に大坂の門人が中心となって庖真講というものが結成され、その目的は河辺社普請のためであった（後述）。大坂の庖丁人たちの精神的な紐帯《ちゆうたい》として創建された神社があったのであろう（なお、同名の神社が大阪に存在するが、庖丁道との関係は不明であったため、ここでは新しく創建された神社であると考えたい）。「河辺」は川辺（河辺）大臣藤原魚名のことで、神事が執り行なわれる七月二十五日とは彼の命日である。

四条家による四条流の「発見」

「浮鯛抄」とは何か

「御家元庖丁道御縁記」の中心となる神功皇后伝説と平清盛に対して料理を振る舞った藤原隆房の話。いずれも舞台は現在の広島県三原市幸崎町能地のことであった。そして、その能地を舞台とした「浮鯛抄」という書物の存在。ふたつの書物の逸話には類似点が多いことはすでに述べたが、ディティールもたいへん似ている。例えば、魚を獲って神功皇后に献上するシーン。器の名前は「はんぼう」と呼ばれるようになったという記事も「浮鯛抄」に見える。浮幣の浜より一〇町ばかり沖の方に浮浜が出現すること、その浜の美しい貝を女臈貝ということも「浮鯛抄」と同じだ。加えて、内容が同じであるだけでなく、文章そのものも一緒であるところが多い。

一方、片方の書物には詳細な記載があるものの、もう一方の書物にはまったく見えない記述も多い。藤原隆房の逸話である清盛に料理を振る舞ったという点は「浮鯛抄」に見えず、「海の面霞のうちに色はへてうくてふ魚やなみの初花」という歌を詠んだという記事が見えるだけだ。また、「浮鯛抄」には、源平合戦《げんぺいのかっせん》の頃、平氏に攻め込んで行った源義経《みなもとのよしつね》に対して鯛を献上したという記述や、室町幕府初代将軍の足利尊氏《あしかがたかうじ》にも鯛を献上したという記述が記されているが、「御家元庖丁道御縁記」には、義経も尊氏も登場しない。このような類似点と相違点をどのように捉えればよいか。それを考える手掛かりとして、まずは「浮鯛抄」がどのような書物であるのかを見てみたい。

すでに「浮鯛抄」は多くの民俗学的な研究成果が出されており、近年では歴史学的ないし国文学的なアプローチも盛んになされている〔河岡武春―一九八七年、小川徹太郎―二〇〇六年、越智信也―二〇〇八年など〕。それらの研究に依拠して、「浮鯛抄」はいつ頃、誰によって作り出され、どのような読まれ方（正確にいえば使われ方）をしたのか、明らかにしたい。「浮鯛抄」は瀬戸内海を漁場とする能地の「漁民」の家々に伝来した巻物で、現在でも数巻の写本が確認されている。海の民といえる能地の「漁民」は漁業の規模は必ずしも大きくないが、漁に際して、自分の立場を明らかにするライセンスとして「浮鯛抄」を携帯していたという。もちろん、「携帯していた」ということ自体も歴史的に形成された行動といえるが、ともかくも能地の「漁民」にとっては大切の一巻であったことは疑う余地があるまい。

次に「浮鯛抄」の作者だが、これについてはほとんどわかっていない。瀬戸内海の交通の要衝で、現在は「安芸の小京都」と評される竹原（現在の広島県竹原市）の文化人と交流を持った僧幽棲という人物によって作られたといわれている。しかし、この幽棲についてはこれ以上のことが分かっていない。

次に「浮鯛抄」の成立はいつか。これについてもはっきりと記されていないため、研究者によって、元文年間（一七三六～四一）であったり、延享元年（一七四四）頃であったり、いくつかの評価が提示されているが、十八世紀中頃を想定して間違いないものと思われる。

さて、成立した「浮鯛抄」は文化十年（一八一三）から編纂事業が本格化する広島藩の地誌で、広島藩の儒学者である頼杏坪《らいきようへい》（頼山陽の叔父）ら当該地域の文化人が多く参画している『芸藩通志《げいはんつうし》』に「浮鯛記」の名称で掲載されることとなった。その際、『芸藩通志』には、堂上公家の芝山持豊による「浮鯛和歌幷序」などを加えて、浮鯛伝説は重厚感を増している。芝山持豊は本居宣長《もとおりのりなが》とも交際のあった著名な歌人であり、光格《こうかく》天皇歌壇の中心的な人物である。彼が序文を書いて、以下、権中納言園基理《そのもとよし》・参議押小路《おしこうじ》実富《さねとみ》・左少将花園実章《はなぞのさねぶみ》・弾正少弼《だんじょうしょうひつ》岩倉具集《ともあい》・宮内大輔芝山国豊《くにとよ》・阿《あ》波《わ》権介《ごんのすけ》押小路実茂《さねしげ》の和歌が掲載された。つまり、ほとんど知られていなかった浮鯛伝説が十九世紀前半に広島藩はいうまでもなく、京都の堂上公家にまで知られることになったのだ。

なお、余談になるが、頼春水《しゅんすい》（杏坪の兄で、山陽の父）「味方志」によれば、以前、京都の公家でこの地の歌を詠んだという話を掲載している。その人物こそ、若狭守高橋宗直《たかはしむねなお》。すなわち、御厨子所《みずしどころ》預《あずかり》にして、庖丁道を継承した人物、セレブな養子先を蹴って高橋家を継いだあの人物である。これがどのような意味であるか、この謎は今後の課題とせざるを得ない。

浮鯛伝説の記述を考える

十八世紀半ばに成立し、十九世紀前半には京都の堂上公家に知られることとなった「浮鯛抄」。その巻物の内容はあまりにも「御家元庖丁道御縁記」と類似している点が多いが、他方でまったく違う点も多い。これをどのように考えればよいか、ようやく検討するだけの材料が揃った。

まず、「浮鯛抄」に掲載されていて「御家元庖丁道御縁記」に掲載されていない源義経と足利尊氏への鯛献上という逸話だが、これは庖丁道と関係ない逸話であるため、「御家元庖丁道御縁記」に記されてないのは当然といえよう。では、「御家元庖丁道御縁記」に掲載されていて「浮鯛抄」掲載されていない藤原隆房による平清盛への料理献上はどうか。「浮鯛抄」の該当箇所は次のとおりである。

平清盛がこの浦で浮鯛をすくわせて、磯辺の石のうえで包丁を入れるのを見られたという。その石を生板石という。現在でも浮幣の海辺にある。

この浦で、少将隆房卿（は次の歌を詠まれた）。

海の霞のなかに色鮮やかに、浮くという魚よ、波の初花か。

一方、「御家元庖丁道御縁記」の記述は次のとおりである。すでに述べたものであり、繁雑だが、重要な点なので、再度記そう。

仁安年中（一一六六〜六八）に安芸国能地浦にて平相国清盛公が浮鯛を取らせている時、隆房卿に料理を乞われたので、石の上にて料理なさった。いま浮幣の海辺に俎石というものがあり、このことだ。

一見してわかるように、平清盛と藤原隆房という登場人物は同じでありながら、話が大きく異なるのである。「浮鯛抄」では、清盛は（誰かが）料理をするのを見て、料理する場所を生板石というようになったという逸話であり、その後に続く、藤原隆房の和歌とはまったく関係がない。一方、「御家元庖丁道御縁記」では、生板石＝俎石で料理をする人物は隆房となっており、和歌は記されていない。生板石＝俎石の逸話を際立たせるためには「誰か」ではなく、庖丁道を継承してきたはずの藤原隆房が料理をしたと描いた方がよりよいと思われるが、「浮鯛抄」には、「シェフ」藤原隆房が見えない。

つまり、「御家元庖丁道御縁記」については次のような結論が考えられる。

①「浮鯛抄」に基づき、そこに記されたさまざまな逸話を取り入れて「御家元庖丁道御縁記」が成立。
②「浮鯛抄」成立段階では藤原隆房は和歌を詠んだ貴族像であったが、「御家元庖丁道御縁記」を作り上げる時に庖丁道を継承してきた藤原隆房像を「創出」。
③したがって、「御家元庖丁道御縁記」は「浮鯛抄」が京都の堂上公家に伝わった十九世紀前半以降の産物であり、四条家による庖丁道の由緒も十九世紀前半以降の「創出」である。さらに、隆房はもちろん、魚名・山蔭についても同時代の資料がなく、この時に作り上げられたものなのではなかろうか。

四条隆重によるサバイバル術

では、四条家の家職《かしょく》は庖丁道でなく、十九世紀前半以降にデッチ上げられたものか。実は、すでに記したように、「創出」とカギカッコを付したのには理由がある。正確には、無からの「創出」ではなく、「発見」あるいは「再発見」なのだ。

四条家の先祖である藤原家成が天皇の前で庖丁の技を披露したという「御家元庖丁道御縁記」の逸話は『古今著聞集』六二六段にも記されているように事実であろう。家職として継承していなくとも、口伝《くでん》なり、伝承なりによって、家成の技は伝わっていったものと思われる。江戸時代の公家の家々にとって、先祖は遠く遠く遡《さかのぼ》るものではなく、家の形成期より古くには遡らない。少なくとも、江戸時代の後期の「復古」的な動向も家の形成期、同族団の形成期である院政期～鎌倉時代への回帰でしかない〔西村慎太郎―二〇〇五年〕。そのような意識を想定した場合、四条家の意識にとっての最も古い先祖は藤原魚名ではなく、四条家のはじまりである「善勝寺長者」と称されるようになった時期を遡るものではない。その「善勝寺長者」の四代目、家成。家成は『古今著聞集』の記述にあるように、庖丁の技を持っていた。庖丁で身を立てた先祖がいるという意識が四条家のなかに芽生えていたとしても、何ら不思議ではあるまい。

技に対する意識が継承され、秘伝を作り、文書化され、相伝されたものが家職である。しかし、四条家の場合、家職になっているようには思えない（少なくとも、そのような資料は皆無である）。おそらく、鎌倉・室町時代の四条家は大臣を輩出するほどの最高級の貴族であり、技を伝えて身を立てていたわけではなく、あくまで、「最も古い時期の祖先が持っていた技」という意識に過ぎなかったものと思われる。しかし、自己の存在が脅かされ、何とかして生き抜こうとする時、先祖の技という伝説が役に立つなら、使わない手はあるまい。戦国時代真っ只中の四条隆重はそんな状況下にいた。

四条隆重については、ほとんど事蹟が伝わっていない。本書のなかでこれまで二回登場していただいた。一回目は、隆重が天文六年（一五三七）、駿河《する が》国（現在の静岡県東部）へ下向《げこう》し、父が死去すると、「狂気」によって朝廷に出仕ができなくなってしまい、同八年死去してしまったという話。この時の駿河国はのちに「海道一の弓取り」と呼ばれた今川《いまがわ》義元《よしもと》が相続した直後であるが、弱々しい公家が戦国大名を頼って逃れて来て、父親が亡くなってしまったことで、無常観や社会への不安に耐えかね、精神錯乱に陥ってしまった、という哀れなイメージが想起されるかもしれない。二回目の登場は「御家元庖丁道御縁記」の逸話のなかで、庖丁道の生間流が「二六代隆重卿御門人」だったが、流法に背いたため、破門させられたという話である。

ところで、天文四年に四条隆重が伝授したという『武家調味故実《ぶけちょうみこじつ》』という書物が伝わっている。内容を簡単に述べれば、料理に関するレシピ本。表題は「調味記」「調味故実」などさまざまである。つまり、この書から考えて、隆重は庖丁道に関する知識や技を持っていたといえよう。

庖丁道の伝授と駿河への下向。この意味をどのように考えたらよいか。近年、戦国大名も含めて、武士がなぜ和歌を詠んだのか、そこにはどのような意味があるかを明らかにする研究が発表されている〔小川剛也―二〇〇八年〕。これまで、公家の戦国大名領国への下向は戦乱と困窮による「都落ち」というネガティブな評価であったが、冷泉《れいぜい》家のように、各地の武士のニーズに合わせて、積極的に「在国」を選択した場合もあったようである。

四条隆重の場合もこれに当てはまるのではなかろうか。もしも「都落ち」なら父である隆永はなぜ京都にいることができたのか、という問題に対して、説明がつかない。

　したがって、状況証拠をつなぎ合わせると、次のようなストーリーが描けると思う。

　四条隆重は先祖の技である庖丁を生かして、各地で営業を展開しようとする。そのためには伝授する秘伝が不可欠であり、『武家調味故実』の原型を作り上げる（そこには本物の庖丁人とのタッグが必要であろう）。秘伝と由緒を創出して、いざ、駿河国へ下向。乱世を「庖丁一本」で渡り歩こうとした。『武家調味故実』が伝来していることから、隆重の思惑は成功したといえよう。ただし、隆重の狂気と急逝によって、弱冠九歳で四条家を相続した隆益《たかます》やその養子隆昌《たかまさ》は「庖丁一本」で生き抜くことはしなかった。その理由は判然としないものの、大名領国《りょうごく》への下向は多くの危険を伴うことも原因であろうが（中国地方の戦国大名大内《おおうち》家が滅亡する際、前関白など多くの堂上公家が死に追いやられている）、やはり家職として意識化されるほどではなかったためであろう。これは他の堂上公家も同様であり、豊臣政権による公家家職の設定まで、そのような意識が惹起されることはなかったものと思われる。そして、豊臣政権・徳川政権のなか、堂上公家の家職が設定されるものの、四条家は庖丁ではなく、雅楽《ががく》の世界に身を置く。四条家

家職としての庖丁道「創出」と「再発見」

は笙《しょう》の家となった。

やがて、十九世紀前半、安芸国の「浮鯛抄」を知り、「御家元庖丁道御縁記」を作り上げる。残念ながら、なぜこのタイミングで家職化しようとしたかについては判然としないものの、経営の悪化による他の収入の獲得や料理人たちの四条家接近などが考えられる。いずれにしても、戦国時代の四条隆重以来の庖丁道「再発見」が成され、幕末にいくにしたがって家職として確立し、組織化が進んだのであろう。

四条家の四条流庖丁道の門人たち

献道役所

庖丁道の免許

それでは四条家による庖丁道の展開を見てみよう。すでに述べたように四条家による庖丁道は江戸時代後半になって「再発見」されたものであり、門人《もんじん》を組織化していくのは幕末に近い頃であるものと想定される。ここでも宮内庁書陵部蔵の「四条家庖丁道入門関係書」を中心として検討を進めてみたい。

最初に庖丁道の免許を受ける時の儀式について見てみる。事例として、弘化四年（一八四七）正月十七日に免許を得た会津松平家《あいづまつだいらけ》家臣の細谷栄吾という人物の場合を挙げる（「弘化四丁未正月十七日会津藩中細谷栄吾庖丁道御免許為拝授参殿之一巻」）。前年の十月、会津藩の赤羽万伍より書状が四条家に届いた。その内容は「自分はもはや老年に及び、御伝授下された庖丁道を藩内の細谷へ譲りたいので、免許を頂戴したい。もしお許しいただければ、明年主君が江戸に参勤交代の後に細谷を上京させたい」という願書であった。細谷は会津藩の御台所頭《おだいどころがしら》を勤めているため、赤羽も同様の役職にあったのであろう。この時の細谷の主君は後に京都守護職となる松平容保《まつだいらかたもり》で、この年に会津藩主松平容敬《かたたか》の養子となり（実家は美濃高須藩《みのたかすはん》）、従四位下侍従《じゅしいのげじじゅう》兼若狭守《わかさのかみ》に叙任したため、朝廷への御礼の使者のひとりとして上京するにあたり、免許を受けようとしたのであった。

弘化四年正月十四日から、京都の会津藩用達《ようたし》篠田五郎右衛門と四条家雑掌《ざっしょう》が相談し、十七日のお昼頃に細谷が四条家を訪問することを決めた。当日お昼過ぎに細谷は裃《かみしも》を着用し、付き従う者三人と用達手代の計五人で四条家を訪れたが、当主である四条隆生《たかあり》（五六歳。正二位権中納言）が体調不良であったため、若殿と称されていた二〇歳の隆謌《たかうた》が対面することとなった。免許発行の儀式は次の通りだ。

① 「御一ノ間」という部屋と「御弐ノ間」という部屋の間に簾《すだれ》を掛ける。

② 「御一ノ間」には座布団を敷き、左側には太刀を掛け、右側には手焙《てあぶ》りを置く。旧暦の正月は寒いためだ。

③ 「御弐ノ間」の左右には継裃《つぎかみしも》を着用した四条家の家臣である金田右膳多頼と松永靫負《ゆげい》敬義が座る。

金田については、慶応二年（一八六六）の「年々改正雲上明覧大全《うんじょうめいらん》」に雑掌として金田右衛門の名前が見えることから、おそらく、この場に列席した両名は堂上《とうしょう》公家《くげ》家臣団のトップである雑掌であったものと思われる。

④ そこへ御目見《おめみ》えのために細谷が表侍《おもてざむらい》の案内で「御弐ノ間」へ入り、名前を隆詞に披露された。

免許を受けた御礼として、細谷は四条家に多くの金銭を渡している。その額は「太刀・馬代」として四条隆生に金一両、隆詞に金一〇〇疋（金一分に相当）、金田と松永にも金一〇〇疋ずつ、近習衆へ銀三匁ずつ、下部へ銀二匁であった。

では、その免許はどのようなものであったか。細谷の免許の場合、「当家（四条家）庖丁道に熱心であるので、門下に加え、永く習練するように。布衣《ほい》は勝手に着用してよい。このことを許可する」という内容だ。布衣とは、狩衣とも称された装束である。また、嘉永五年（一八五二）三月に免許を受けた楯野喜兵衛の場合、「神饌《しんせん》及晴庖丁《はれのほうちょう》」の時にのみ素袍《すおう》・熨斗目《のしめ》の着用と後見の場合熨斗目・長上下の着用が認められている。素袍とは、武家装束である直垂《ひたたれ》のひとつで、熨斗目とはその下に着用する小袖《こそで》のこと。長上下とは、上下のうち袴が長袴であるもののことである。このように四条家の庖丁道免許とは、神社へ奉納する神饌と儀礼的な調理をする際に着用する装束の免許であった。その他、慶応元年十一月に美濃国関《せき》（現在の岐阜県関市）の門人たちに対して発行された折は免許の他に、

「当御殿庖丁道御元祖御神号」という札も渡された。これは掛け軸と思われ、「河辺左大臣魚名公大神」と記してあったようである。また、表に「四条御殿御流庖丁道御家元」と記され、裏に「四条御殿献道《けんどう》御仮《（役）》所」と記され、焼印が押された鑑札《かんさつ》、幕、絵符《えふ》（公家や武家の特別な荷物を運ぶ時の荷札）、高張提灯《たかはりちょうちん》（長い竿の上に付けられた提灯）が渡されている（図7）。いずれも特別な存在であることを視覚的に表現したものだ。

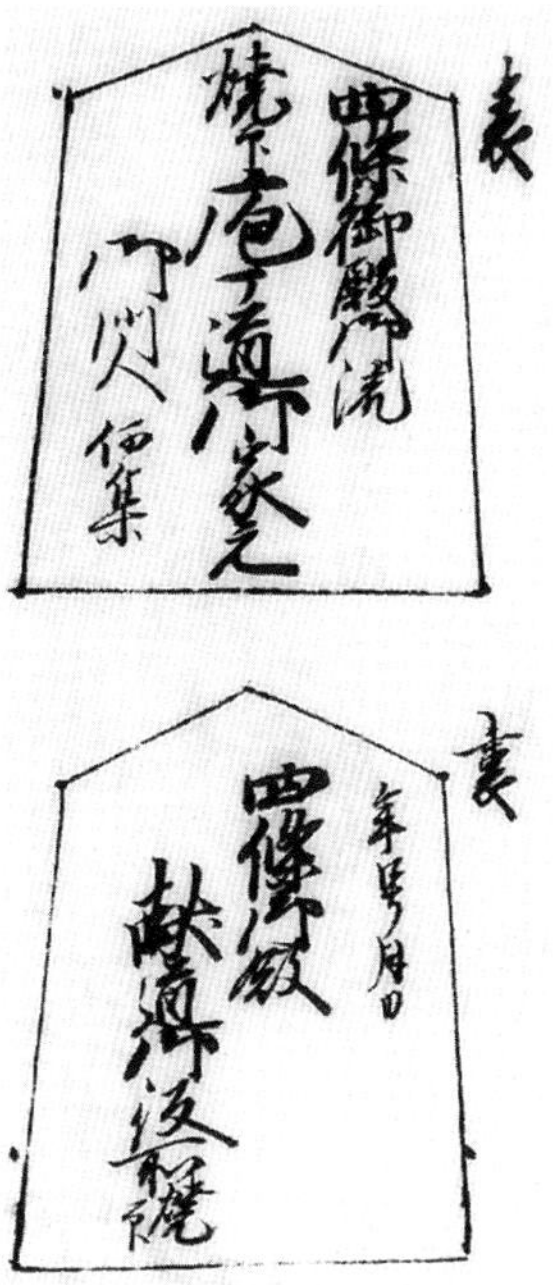

図7　「四条家庖丁道入門関係書」十より（宮内庁書陵部蔵）

「御掟目之事」

慶応元年（一八六五）十二月改めの年記を持つ「庖丁道御門人御請印鑑留帳」には「御《お》掟《さだ》目《め》之《の》事《こと》」という門人が守るべき九箇条が記されている。箇条ごとに見ていき、それらについて解釈してみたい。

①「献道」に執心している者がいたら、門人はその者の身元を確認して、出願すること。

「献道」とは庖丁道のことと思われるが、慶応年間（一八六五～六八）以前の資料にはほとんど見られない表現であり、「御掟目之事」の成立年代を特定する上で重要である（後述）。そして、一箇条目に積極的な門人拡大の志向がうかがえる。

②門人に召し加えられる時は庖丁さばきの素質を見届けて、器量に相当する免許を下すこと。しかし、弘化四年の会津家中・細谷栄吾の事例でもわかるように、試験のようなものが行なわれていることは確認できない。

③「御直弟」には免許と鑑札などを下されること。「御直弟」とは、四条家直接の門人のことである。

④「御門葉《もんよう》」には鑑札と添書などを下されること。「御門葉」とは、門人から分かれた門人のことであろう。つまり、直弟―門葉という重層的な組織が形成されていた（あるいはこの時に形成しようとしていた）ことがうかがえる。

⑤免許は庖丁道の力量によって差別を図ること。資料上に表われている差別は装束の違い（布衣・上下）であるが、「御掟目之事」が作られた段階ではより細分化した差別を目指していたようである。

⑥庖丁道の有職故実《ゆうそくこじつ》・極意・秘密は直伝《じきでん》を願い出ること。

⑦初心者は会頭を師範として受けること。

⑧晴庖丁式を行なう時の装束は次のように決める。会頭は熨斗目・長上下。ただし、勤めによっては素袍・長袴を許す。門人は熨斗目・麻上下。門葉は服紗・麻上下。すなわち、会頭―門人―門葉という庖丁道の重層的な組織にあって、晴庖丁の場では装束によって立場の差が明確にされる仕組みであった。

⑨庖丁道祖神の祭りは次のように決める。御神事は七月二十五日、御火焚《おひたき》は十一月二十五日。このことはすでに「御家元庖丁道御縁記」の分析でも明らかにしたように、神事が行なわれた七月二十五日は先祖である藤原魚名の命日、御火焚は十一月に京都の寺社で多く行なわれた儀式で、食物と酒を神仏に供えて、火を炊き上げるものだが、これを四条家が重視した理由は判然としない。

この九箇条に引き続いて、「このたび『献道』に執心しているので門人に召し加える。したがって、四条家の流派を大切に守り、伝授されたことをみだりに他言してはいけない。門人であるといってもわがままに振る舞って、四条家門人としての名前を振りかざし、不義・無礼などしてはいけない。もしこの教えに背いて破門となったとしても、他流の庖丁式も含めてすべてを禁止する。また、幕府の法令は諸事必ず守りなさい」と注意を喚起している。最後に「四条御殿献道御役所・同御用所」と記されている。

さて、この「御掟目之事」の成立年代だが、会津松平家家臣の細谷栄吾に関する資料にも見えないこと、他では安政六年（一八五九）頃の資料（表題は「掟」で、文言が一部相違するものの、内容はほぼ同一）が最も古いこと、そして、「献道」の表現も安政六年頃の資料が最も古く、慶応元年以降頻出すること（それ以前の場合、「四条御殿献道御役所」ではなく、単に「四条殿御役所」などであった）を考えると、安政六年か、せいぜいわずかに遡る時期に成立したものと思われる。また、既述の美濃国関の門人なども含め、元治元年（一八六四）と翌慶応元年に多くの人びとが門人となっている。

組織化と制度の整備。四条家の当主であった隆生《たかあり》・隆謌《たかうた》・隆平《たかとし》か、四条家家中か、門人として四条家に接近する人びとか、誰が四条家の庖丁道、すなわち「献道」を推進したかは謎であるものの、この時期に大きな展開を見せたことは間違いないようである。

庖丁道組織

では、四条家庖丁道の組織はどのようになっていたのであろうか。そして、どのような人びとによって構成されていたのであろうか。衣紋道《えもんどう》（装束に関する有職故実）を家職とした高倉《たかくら》家の場合、十七世紀中頃から門人が誕生・増加していき、元文三年（一七三八）に「御定法《ごじょうほう》」が成立。さらに、門人を統轄するための会頭《かいとう》も存在した〔井上容子―一九九五年〕。入木道《じゆぼくどう》（書法に関する有職故実）を家職とした持明院《じみょういん》家の場合、明確な組織化は成されていないが、十八世紀後半から門人が増加し、初めて「会頭」が設置されるのは文久元年（一八六一）八月二十四日で、江戸表会頭に旗本戸川安清《とがわやすずみ》が任じられた。

このように組織化のあり様も家職によって異なるが、四条家の場合は幕末に組織化が成された。表4は安政六年（一八五九）「大坂庖丁道執事」と題された資料に基づいて作成したもので、当該期の四条家の庖丁道の組織がうかがえる。京都と大坂に分けてグループ化されているが、京都側は東日本の門人を、大坂側は西日本の門人を組織化しようとしていたという意味であろうか。

京都会頭の山口主水《もんど》は孝明《こうめい》天皇の女御である准后《じゅごう》九条夙子《くじょうあさこ》の御殿で板元《いたもと》を勤めていた。准后とは、太皇太后（天皇の祖母で、天皇の正妻であった人物）・皇太后（天皇の母で、天皇の正妻であった人物）・皇后に准ずる地位という意味。臣下にとって最高の地位であり、非常に地位の高い人物と理解していただきたい。会頭の山口主水以下、遠藤木工・小谷早太・谷口主膳はいずれも禁裏《きんり》御所ないし准后御所の板元に関わる職に付いていた。加えて、京都側に分類されたのが、木下茂兵衛と会津家中で弘化四年（一八四七）に門人となった細谷栄吾、そして増会頭《ましかいとう》に任じられていた「入舟丁」の楯野喜兵衛（嘉永五年三月入門）である。このうち、細谷については後述するが、楯野が任じられた増会頭とは会頭に准ずる立場であったのだろう。「入舟丁」は不明だが、楯野が増会頭に任じられていること、都市名が記されずに町名のみであることを考えると、京都には入舟町という地名がないの

表4　安政六年四条家の庖丁道門人

分類	名前	肩書	備考
京都	山口主水	会頭	准后御殿（夙子。九条尚忠女）御板元。一条烏丸西住
	遠藤木工	御門人	禁中御板元吟味役。百万遍屋敷住
	小谷早太	御門人	隼太。禁中御板元吟味役。百万遍屋敷住
	谷口主膳	御門人	准后御殿（夙子。九条尚忠女）御板元。松崎住
	木下茂兵衛	御門人	
	細谷栄吾	御門人	会津家中。弘化四年門人
	楯野喜兵衛	増会頭	入舟丁。嘉永五年門人。文久二年辞退
大坂	的場太右衛門	会頭	安堂寺町三丁目
	平井平祐	御門人	内淡路町杢屋町東入
	杉原亀蔵	御門人	堀口橋通。安政四年門人
	的場定治郎	御門人	
	油屋伊太郎	大坂庖真講御講世話人元	竹谷氏。備後町四丁目
	釜久儀兵衛	御門人	備後三原
	稲田常七	御門人	備後尾道

「安政六年未四月大坂庖丁道執事」（「四条家庖丁道入門関係書」宮内庁書陵部蔵）・公家鑑より作成。

で、江戸深川入舟町のことと推測される。なお、文久二年三月、楯野は高齢であることを理由に増会頭を辞退し、九鬼藤兵衛という堺《さかい》の材木町の人物が就任している。

一方、大坂の会頭は安堂寺町三丁目の的場（魚屋）太右衛門であるが、「大坂庖丁道執事」が執筆された安政六年から元治二年（慶応元年、一八六五）二月までの間に、何らかの問題を起こして「破門」されてしまう。そして、元治二年二月四日、当時の大坂会頭である伊藤（福田屋）杢兵衛の名代《みようだい》佐野（佐野屋）安兵衛を上京させ、四条邸に招いた。なお四条家は、隆謌が七卿《しちきよう》落《お》ちの最中で、太宰府《だざいふ》の延寿王院へ入る直前。弟隆平が継いでいた時期である。さて、佐野安兵衛に対して隆平は次のように尋ねた。「旧年以来、的場太右衛門を再び門人に加えることについて、一条様より再三依頼されているが、どうしたらよいか。浪花門人中の不評を買ってしまっては問題があるだろう」。これに対して、安兵衛は「そのことならば、今度急の庖丁会式が西天満北神明社で催されますので、太右衛門を再度門人にしても不評とはなりますまい」と答えた。この一件はこれ以上の関係資料がないため、詳細はわからないものの、次のようなことが考えられる。

①四条家の庖丁道門人に加わること、または排除されることは四条家の意志というよりも、門人中によって決定されたものである。太右衛門一件では、一条家の依頼を受けて、すぐに門人として再加入させるのではなく、大坂の門人の意向を気にしている。

② 的場太右衛門は一条家を通じて、四条家の庖丁道門人に再び加わろうと企図しているが、一条家━四条家が家礼《かれい》関係にあることを熟知し、交渉を有利に進めるために一条家へ接近したものと思われる。家礼とは、摂家《せつけ》━堂上公家、あるいは、堂上公家━地下官人《じげかんじん》の間に結ばれた恩典と奉仕の関係で、武家の主従制とは異なり、多分にフレキシブルな側面があるものの、江戸時代後期には統制・秩序化という一面を持った〔松澤克行━一九九四年、西村慎太郎━二〇〇八年〕。太右衛門がなぜ一条家に接近できたかは不明ながら、容易に摂関家と接触できる多様な回路を町人が持っていたという証拠であろう。

③ 西天満北神明社で行なわれる「急の庖丁会式」に対応するためには、元会頭である的場太右衛門の存在が必要であったのであろう。最終的には、名代として四条家に参上した佐野安兵衛が庖丁式を勤めているが、おそらく後見のような役割を担ったものと思われる。なお、佐野安兵衛は庖丁式の後になってから四条家門人に加入している。門人組織として、いろいろな面で四条家の庖丁道はまだ十全でなかったことがうかがえる。

諸藩の庖丁人と四条家——幕末外史

四条家家中と庖丁道

次に、宮内庁書陵部蔵の「四条家庖丁道入門関係書」に見える四条家の家臣について触れたい。結論から述べれば、「献道役所」と称された四条家の発給する庖丁道の免許の執筆、発給儀礼への列席、使者以外の役割はなく、彼ら自身は庖丁道に関わっていないようである。

例えば、嘉永五年（一八五二）三月の楯野喜兵衛、安政四年（一八五七）八月の杉原亀蔵、文久二年（一八六二）六月の九鬼藤兵衛へ発給《はっきゅう》された免許には小嶋右近・木下右兵衛尉・小西直記が連署している（嘉永五年は小嶋・木下のみ）。このうち、木下右兵衛尉は滝《たき》口《ぐち》という地下官人を勤めた木下秀有という人物。余談になるが、この木下秀有、朝廷内での正式名称（官位昇進の時の文書など）では「豊臣秀有」と称している。彼の父は豊臣秀幹、祖父は豊臣秀邦、その前は豊臣秀敬と、名前だけ見ると豊臣秀吉《とよとみひでよし》の一族のように見えるかもしれないが、まったく関係はない。そもそも、明治時代初期以前、日本では苗字と姓というふたつの名前が存在した。苗字とは、「徳川」「織田」「山田」など、いわゆる今でも使われている名前のこと。姓とは、「源」「平」「藤原」など、先祖を同じくする集合体の名前のことである。今回の四条家の場合、苗字は「四条」、姓は「藤原」である。さて、先ほどの「豊臣秀有」だが、「豊臣」という名前はそもそも苗字でもあり、姓でもあるという複雑な名前であった。大坂の陣によって、豊臣家は滅亡したが、大名のなかでは唯一豊臣姓を名乗った家がある。それが豊臣秀吉の正室ねね（高台院《こうだいいん》）の兄である木下家定《きのしたいえさだ》の末裔だ。木下家定はもともと杉原家定と名乗っていたが、妹の夫が出世していったため、その名を取ることとなる。すなわち、豊臣秀吉＝木下藤吉郎《とうきちろう》であるためだ。したがって、この「豊臣秀有」は「木下」という苗字のために、豊臣姓を名乗ったのであった。

また、小西直記は慶応四年（一八六八）正月に四条隆平が北陸鎮撫《ちんぶ》副総督に任命され、各地を転戦する際、従軍していたことが確認できる〔福井県文書館―二〇〇九年〕。その際、既述の木下右兵衛尉秀有の息子相模介秀実も従っている。

一方、西天満北神明社の庖丁式において、四条家側から石田帯刀《たてわき》と横田内蔵の二名が出席した。このうち、石田帯刀とは山城《やましろ》国乙訓《おとくに》郡井ノ内村（現在の京都府長岡京《ながおかきょう》市）の石田富太郎のことである。井ノ内村には四条家の所領があり、石田家は代々四条家領の庄屋を勤めていた。安政五年（一八五八）、石田富太郎は四条家に仕え、帯刀と名を改めて、「御賄向雑掌取締」に任じられる。要するに、四条家の財政を担う役割だが、これは経営が破綻気味であった四条家に対して、金銭を献上していたことによるものと思われる。四条隆謌が八月十八日の政変の七卿落ちによって京都を離れた後も京都にあって四条家の経営を支えていった。戊辰戦争《ぼしんせんそう》が始まると、さきに述べた木下・小西らとともに北陸へ従軍。その際、郷里において二〇〇〇両もの大金を軍資金として集めたようである。総督府一行は北陸から江戸へと転戦し、さらに、長岡で大激戦を展開する。この時、北陸鎮撫総督府側は後に内閣総理大臣となる黒田清隆《くろだきよたか》・山県有朋《やまがたありとも》らが指揮を取ったが、旧幕府側である長岡藩はガトリング砲を駆使して、総督府側を蹂躙《じゆうりん》した。多くの犠牲を出して、長岡を制圧した総督府側は越後府を設置し、四条隆平がそのトップに就任するが、石田帯刀はその執事として、越後府の財政にあたった〔長岡京市生涯学習課文化財係―二〇〇六年〕。

幕末の長州・会津藩と庖丁道

文久二年（一八六二）七月二日、江戸を出発した長州藩主毛利慶親《もうりよしちか》（後の敬親《たかちか》）は京都へ到着した。当時の長州藩は朝廷と幕府の溝を埋め、諸外国からの侵略に対抗しようとする政策を持論として展開していた慶親の側近長井雅楽《ながいうた》が江戸と京都を往復し、政治的な動きを展開していた。一方、慶親は国家の一大事を幕閣に訴えていた。ここには同じく幕政改革を求める薩摩藩島津久光《しまづひさみつ》の動向と対抗する動きでもある。四月十三日、朝廷運営の中心のひとりである議奏正親町《ぎそうおおぎまち》三条実愛《さんじょうさねなる》より「国家の大事のために奔走していることについて、天皇は非常に期待しているので、上洛するように」という沙汰書を慶親は受け取った。長井雅楽による説得が功を奏したのであろう。しかし、直後の四月十九日、久坂玄瑞《くさかげんずい》・来原良蔵（前原一誠《まえばらいっせい》）らによって長井雅楽は弾劾《だんがい》され、六月五日に失脚してしまう。ここに至って、より過激に尊王攘夷を唱える一派が藩政の中心を担っていく。慶親が上洛した時はそのような状況下であった。

朝廷側の求めに応じた毛利慶親は七月二日に京都へ着き、翌年正月まで京都に滞在した。その際に慶親に随行したなかに、三名の「御膳役衆」がいた。「御膳役衆」とは、藩主の食膳を担った役職であろう。彼らは上京中の閏八月十九日に四条家へ入門している。その三名とは、白上《しらかみ》伝右衛門貞之《さだゆき》・今津《いまづ》清吉春方《はるかた》・世良《せら》孫槌利貞《としさだ》である。白上と今津について の詳細は不明ながら、今津春方の二男である卯三郎は元治元年（一八六四）の禁門《きんもん》の変《へん》に奇兵隊《きへいたい》の一員として参戦し、負傷を負った後に、大坂で自害。現在、京都の霊山《りょうぜん》護国神社には今津卯三郎の墓が建てられている。

世良利貞は、長州藩和学《わがく》方の近藤芳樹《こんどうよしき》に国学を学んだ人物である。近藤芳樹は、本居大《もとおりおお》平《ひら》・山田以文《やまだもちふみ》といった江戸時代後期の代表的な学者に学んだ人物で、幕末には藩校である明倫館《めいりんかん》の教授に就任した。その世良は吉田松陰《よしだしょういん》とも親交が深く、松陰に「真に有為《ゆうい》の人」と評されている。四条家に入門したこの年、世良は津和野《つわの》藩士の福羽美静《ふくばびせい》ら六六名とともに嘉永年間（一八四八～五四）以降に国家に殉じた人びとの慰霊祭を催している。その後彼は明治維新に至って教部《きょうぶ》省（諸宗教を支配する官庁）に出仕、明治六年（一八七三）には教典編纂掛を勤め、その後、長門《ながと》国一宮である住吉《すみよし》神社宮司《ぐうじ》に就任している（この長門国一宮住吉神社は神功《じんぐう》皇后の三韓《さんかん》征伐による勝利に感謝して建てられたという由緒である）。

他方、すでに見たように、弘化四年（一八四七）正月十七日、会津藩士の赤羽万伍から書状が届き、細谷栄吾に対して庖丁道の相続が願い出された。会津藩といえば、幕末に京都守護職に任じられた松平容保がおり、京都における政権運営の中心にいた。大政奉還《たいせいほうかん》から王政復古の大号令となり、旧幕府と新政府による戊辰戦争が勃発すると、東北地方の旧幕府に味方する諸藩の旗頭となった会津藩は新政府軍に徹底的に侵略されたことは有名であろう。細谷栄吾が幕末から戊辰戦争にかけてどのような活動をしたのか、まったくわからないが、一三石三人扶持《ぶち》を与えられて、御台所頭を勤めていたことから、主君松平容保とともに京都にあって、戦争がはじまると、主君ともども会津へ向かったものと思われる。戦後、会津藩士の多くは越後高田《えちごたかだ》藩へ謹慎が命じられることとなるが、細谷栄吾も高田城下寺町の日蓮宗寿遠寺で謹慎することとなった。寿遠寺は小池良意《こいけりょうい》・原玄仲《はらげんちゅう》などの医師や安藤織江《あんどうおりえ》といった御台所組頭の謹慎場所でもある。残念ながら、細谷栄吾のその後は不明であり、寿遠寺も明治四十二年廃寺となってしまった。

四条家と講

「四条家庖丁道入門関係書」には、講《こう》に関する記事がふたつだけ見える。その記事は非常に短く全体像を掴むことはできないが、四条家と四条家の庖丁道を考える上で重要な点であるため、検討してみたい。

講とは何か

そもそも講とは何か。簡単に一言でいえば「サークル」。神社や寺へ参詣する集まりなどが有名なものであろう。例えば、伊勢神宮に参詣する人びとの団体である伊勢講《いせこう》。富士山へと登る富士講《ふじこう》（富士山はそもそも信仰の対象である）。武蔵国御嶽山《みたけさん》へと登る御嶽講（御嶽山も信仰の場所である）。そのなかでも我々がよく目にする「講」は庚申講《こうしんこう》を記念した石造物であろう。庚申講とは、もともと道教《どうきょう》の教えで、六〇日に一度、庚申の日、その人が起こした悪行を天帝に知らせる三尸《さんし》という虫が体内から天へと昇っていくので、それが昇って行かないよう寝ずに過ごすようになり、やがて庚申の日の晩に宴会をする集まりになっていったものだ。

その他、頼母子《たのもし》講・無尽《むじん》講と称された金融関係の講も存在する。これは集団でお金を積み立てるもの。一方、現代では「ネズミ講」を摘発するニュースが流れていよう。

今回の四条家のふたつの講は、前者が河辺社普請《ふしん》に伴う「庖真講」、後者は内容が不明ながら「大坂新講」と称されたものである。後述するように、両者は密接に関わっているものと思われ、おそらく金融的な要素の強いものであったと推測される。庖丁道の講金に関する「拝借仕御銀之事」という借金証文が遺されていることからも、名目金貸付と称された制度と類似しているのではないだろうか。その根拠は「大坂新講」の惣取締御世話人である稲葉周平が伏見宮様御貸附《かしつけ》所役人であるためである。そこで、名目金貸付について少し触れてみたい〔三浦俊明―一九八三年〕。名目金貸付とは、寺社・親王・堂上公家・徳川御三家《ごさんけ》などがなんらかの名目（例えば「青蓮院宮御修覆金」など）を冠して貸し付けたもののことで、幕府の公金貸付に准じて訴訟優先権など特権が与えられた。とりわけ寺社の場合、もともとは幕府による庇護もあって修復などの費用が支給されたが、十八世紀以降、幕府の財政悪化のために修復費用を寺社で捻出するよう政策の転換が起きた。そこで「金貸し」を行ない、その利息を修復費用などに当てることとなったのである。そして、江戸時代後期になると、有力な町人・百姓が貸付支配人となり、自己の資本も加えて、広範な金融活動を展開していった。

河辺社普請の庖真講

安政六年（一八五九）四月、大坂の門人たちより次のような願いが四条家に提出された。「河辺社普請のため庖真講というものを結成したいと思います。御講取締御世話人は大坂備後《びんご》町の竹谷伊太郎。その他の世話人として的場太右衛門（魚屋）・杉原亀蔵（魚屋）・平井平祐（近江屋）で、講人は二四名です。この講に加入してくれた方には鑑札を渡したいと思いますので、宜しくお願い致します」というものだ。

この願いを四条家は了解し、早速鑑札を手渡した。鑑札とは営業免許などを認めたライセンスで、木の札であることが多い。この鑑札は長さ一尺三寸（約三九㌢）・幅五寸（約一五㌢）・厚さ一寸余り（約三㌢）で、「庖丁道御家」「四条殿役所」と記され、焼印が押されていた。また、世話人を務める四名には表に「四条殿御用」、裏に「献道方浪花組」と記された小札も与えられた。

文久年間の大坂新講

同じような講の願いが文久元年（一八六一）二月にも出された。安政六年の場合、河辺社普請という理由であったが、今回の講は単に「御講」とし か記されておらず、その性質がわからない。ただし、記事のなかにいくつかヒントになるものが記されている。「このたび大坂において御講を取り結びたいので大部屋元〆大垣屋清八《もとじめおおがきやせいはち》が取次で願い出てきた。伏見宮様家来塩見図書《ずしょ》が元世話方取次で、大坂では伏見宮様御貸附所役人稲葉周平が惣取締御世話人にて表向き幕府へ願い立てた。」

講元世話人は木屋忠兵衛（北久宝寺町壱丁目）・綿屋新兵衛・近江屋惣兵衛・今宮屋正太郎（松江町）である。なお、講元世話人の面々は誰一人として庖丁道の門人ではない。その後、九月十七日、大坂より田村豊前という者が四条邸にやって来て、新しい「御講」ができなさそうだと伝えてきた。田村豊前が何者であるかは不明だが、大坂から上京していること、豊前という受領《ずりょう》名を名乗っていることから、河辺社の神職《しんしょく》だったのではなかろうか。そう考えた場合、安政六年（一八五九）の河辺社普請の講との類似性が考えられよう。翌日、今度は紀国屋源蔵という人物が四条邸にやって来た。紀国屋源蔵とは、幕府への願い出の段階で世話人の宿としていた者で、世話人の名代《みょうだい》として来たようだ。この講ができなかった理由として、講に加入する者がいなかったとした上で、稲葉周平の「不埒」を訴えた。これを最後に「御講」に関する記事は見えなくなる。

大親分大垣屋清八

講を結びたいという大坂町人の願いを四条家に取り次いだ人物、大部屋元〆大垣屋清八。彼は京都でも名の知れた俠客《きょうかく》である。大垣屋清八の養子で、明治・大正期の京都政財界の重鎮《じゅうちん》であった大沢善助《おおさわぜんすけ》の自伝『回顧七十五年』を紐解いて、大垣屋清八の足跡をたどってみよう〔大沢善助―二〇〇〇年〕。幕末の頃、京都には「人入れ」を生業《なりわい》としていた者が三六軒あったという。「人入れ」とは、人足《にんそく》などの斡旋《あっせん》を行なう職業で、京都の場合、公家屋敷や大名屋敷の使用人などを斡旋した。「人入れ」家業は俠客の親分であり、多くの子分を抱えていたが、大垣屋清八は会津・彦根・高田藩などの御用達《ごようたし》も務めていたようだ。著名な俠客で現在も指定暴力団としてその名が残る会津小鉄《あいづのこてつ》（上坂仙吉）は大垣屋清八の子分である。かなり裕福であったらしく、子分を多く引き連れて、船を貸し切り、毎年金毘羅《こんぴら》参りをしたという。

さて、大沢善助によれば、この頃、公家屋敷では公然と賭場《とば》が設けられていたようだ。特に盛んであったのは豊岡・難波、そして四条家。朝から晩まで転々と賭場が開かれていた。行なわれた博奕《ばくち》はいわゆる丁半《ちょうはん》博奕で、賭場は一二～一五畳ほどの広さ。そこに畳を二畳敷き、さらに盆茣蓙《ぼんござ》という敷物を広げた。四条家の一室にもこのような賭場があったのであろう。しかし、公家屋敷で賭場などが開かれて問題がなかったのであろうか。大沢善助は次のように語る。

公卿華族の部屋で、賭博をなす者を幕府に於て召し捕らうとすれば、天奏家《(伝)》の承諾を得ることを要した。これを俗に、天奏廻しと云つた、故に、所司代より、天奏家に、承諾を求めやうとすれば、直ちに天奏家より、其の賭博場へ通知をする、故に所司代が手を入れる前に、賭博場を閉鎖して一人も捕縛される者が無い、遂に所司代も張合抜がして手を入れない事とした為に、其の賭博場は真に傍若無人の振舞をなすに立ち至つたものである。

大垣屋清八と四条家の賭場、そして、大坂における新しい講。四条家の庖丁道を取り巻く世界にアウトローな空気を感じることができよう。

伝統化する庖丁道――エピローグ

中世以来、江戸時代の朝廷にあって儀礼的な料理を作った地下官人《じげかんじん》、御厨子所《みずしどころ》　預《あずかり》　高橋家。高橋家は古代豪族紀《き》氏の末裔《まつえい》であり、一族には歌人の紀貫之《きのつらゆき》などを輩出するが、御厨子所預を世襲で勤めたこの家は鬼との双六《すごろく》対決で著名な『長谷雄草紙』の主人公紀長谷《きのはせ》雄《お》の末裔である。

寛永三年（一六二六）、御厨子所小預大隅《おおすみ》家が高橋家に提出した庖丁道の誓詞《せいし》を初見として、十七世紀後半以降、高橋家は庖丁道の伝授をしていく。京都・大坂をはじめ、諸藩の料理人も高橋家の門人《もんじん》となっていった。天皇の実際の食事を担ったのは口向役人《くちむきやくにん》であるが、彼らの多くも高橋家の門人となっている。寛永三年の誓詞にも「四条《しじょう》家鉋丁（庖丁）一流」と記されているように、高橋家の庖丁道はいわゆる四条流庖丁道として認識されていた。

一方、堂上公家《とうしょうくげ》の四条家。藤原鎌足《ふじわらのかまたり》の孫房前《ふささき》の五男である魚名《うおな》にはじまるこの家は、政争に敗れたため、平安時代の間、末裔は一部を除いて四位・五位の地方官などを歴任する中下級官人の家であった。しかし、藤原顕季《あきすえ》は歌人として頭角を現すと同時に白河《しらかわ》院政の要といえる院別当《いんのべっとう》に補任《ぶにん》され、院政を支えていった。これが契機となって朝廷のなかで重要な位置を占めるようになり、藤原顕季の末裔は公卿まで昇進するようになっていった。その後の戦乱の時代を生き抜いて、江戸時代には名門の堂上公家のひとつとして名を馳せ、幕末には攘夷《じょうい》運動の若手の旗頭《はたがしら》となっていき、明治時代には帝国軍人となる四条家。その四条家のなかには庖丁の使い手がいた。庖丁道の祖と評される藤原山蔭《やまかげ》については資料が欠如しているためわからないものの、『古今著聞集《ここんちょもんじゅう》』には保延六年（一一四〇）に鳥羽《とば》上皇の前で庖丁さばきを披露した藤原家成《いえなり》の話が掲載されているし、戦国時代にはいわば「庖丁一本」で京都を離れ、戦国大名・今川家に身を寄せ、「武家調味故実《ぶけちょうみこじつ》」を伝授した四条隆重《たかしげ》がいる。

しかし、四条家は庖丁を「お家芸《いえげい》」としていたわけではなかった。江戸時代後半、四条家は庖丁道に際立った先祖を発見し、「四条流＝四条家」という等式を作り上げ、由緒書《ゆいしょがき》としての「御家元庖丁道縁記《おいえもとほうちょうどうえんぎ》」を誕生させた。そして、この「御家元庖丁道縁記」自体は瀬戸内海に広く流布した「浮鯛抄《うきだいしょう》」が典拠となっていることは疑いない。十九世紀後半にはこれらの由緒や秘伝が創り上げられ、広範な門人獲得と組織化が進んでいく。それが四条家による主体的な動きなのか、四条家に近づいた料理人による主体的な動きなのかわからないものの、幕末京都の任俠《にんきょう》の者が介在していた可能性は高い。無論、四条家はデタラメに庖丁道を家職《かしょく》としたわけではなく、先祖を発見し、それを線として結んだのであった。しかし、高橋家のように鶴をさばいてはいない。

天皇や朝廷、公家たちの文化や家職といったものは一〇〇〇年に及ぶ「伝統」や「みやび」の世界、「日本の文化」として捉えがちである。しかし、その「伝統」とは長く生き続けたから「伝統」なのではなく、「伝統」にしようという意識が契機となる。そもそも、長く生き続いたわけですらなく、さまざまな変遷や変化、変質、あるいは言説そのものの書き換えのなかで「伝統」となるのであった。別な見方からすれば、天皇や公家は「使える」と思った「伝統」を見事に取り込んでいき、したたかに「伝統」を創出した逞しい存在として描くことができよう。

あとがき

「伝統文化」という言葉に何かうさん臭さを感じる。伝統とは何か。文化とは何か。「伝統文化」は非常にアイマイであるにもかかわらず、これまたアイマイな「権威」とやらが付いてくる。私は「伝統」にも、「文化」にも、「権威」にも斜に構えているが中にはそれらを崇拝し希求する人もいる。

江戸時代の天皇・朝廷とその「伝統」「文化」「権威」について、超歴史的に捉えるのではなく、また多様であったと煙に巻くのでもなく、概念が難しいとして逃げるのではなく、やはりガップリと取り組まなくてはならない課題だと考える。本書は公家家職のうち庖丁道に則して考えてみた一冊だ。

公家家職の検討をしてみようと思ったのは『身分的周縁と近世社会8　朝廷をとりまく人びと』（吉川弘文館、二〇〇七年）において「地下官人《じげかんじん》」を執筆した時が最初であり、御《み》厨子《ずし》所《どころ》預《あずかり》高橋家の庖丁道について分析してみた。当時は地下官人の組織・役割と身分を検討課題としていたため、庖丁道を照射していたわけではなかったが、編集担当の斎藤信子氏の勧めもあって徐々に公家家職を考えるようになっていった。

次いで、二〇〇七年、日ごろよりお世話になっている荒武賢一朗さんから「現代社会の諸問題を近世史研究者の立場から検討しよう」というお誘いを受け、荒武賢一朗・伊藤昭弘・今村直樹・木下光生・工藤航平・白石烈・中西崇・野本禎司の各氏とともに研究会を始めたことが大きなキッカケとなった。私自身はその研究会において「現代社会にとって天皇とは何か。天皇権威とは何か」を研究課題とし、江戸時代の天皇・朝廷と民衆の間に介在する「装置」を題材にしてみようと思いついた。そして公家家職のうち持明院流入木道《じゅぼくどう》の様相を研究することにした。成果として荒武賢一朗編『近世史研究と現代社会―歴史研究から現代社会を考える―』（清文堂、二〇一一年）を出版するに至り、私は同書の中で「公家家職から見た天皇制―入木道という家職のあり方―」を執筆した。なお、敢えて現代社会との関係を念頭に置くため「天皇制」という語を選んだ（「天皇制」という語は一九三二年に共産党が掲げた「三二年テーゼ」で用いられたのがはじまりであり、帝政ロシアの君主制の「日本版」として用いられるべき語であるので、江戸時代の天皇・朝廷に「天皇制」を用いるのは本来適当でない）。

これらの論文を執筆したことによって、公家家職の「伝統化」に興味を覚えた。どのように創造されるのか、誰が関わっているのか、その契機は何か。問題提起にとどまった点も多いので、今後勉強して答えを見つけていきたい。

最後にひとつ、私が以前より抱いている疑問を記したい。それは、庖丁道がなぜ卑賤視されなかったのであろうか、という点である。動物をさばくという点では斃牛馬を処理した職人である皮多との違いはないものと思われるが、一方は公家家職として門人組織が形成され、一方は「ケガレ」として卑賤視されていく。大雑把な疑問であるがこの問いに対する明確な回答ができた段階で、日本の歴史における身分差別や「ケガレ」観、天皇（とそれを取り巻く公家）観などがはっきりとしてくるのではなかろうか。

残された課題は多いが、とりあえず庖丁道門人ならぬイキツケの店でおいしい肴をつまみに一杯飲もう。

二〇一二年正月

ブライアン・ジョーンズのシタールを聴きながら

西村慎太郎

参考文献

〈著書〉

浅見雅男『華族たちの近代』(NTT出版、一九九九年)
石井泰次郎『続日本料理法大全』(第一出版、一九七〇年)
大沢善助『回顧七十五年』(大空社伝記叢書、二〇〇〇年)
岡崎寛徳『近世武家社会の儀礼と交際』(校倉書房、二〇〇六年)
小川剛生『武士はなぜ歌を詠むか—鎌倉将軍から戦国大名まで—』(角川選書、二〇〇八年)
小川徹太郎『越境と抵抗—海のフィールドワーク再考—』(新評社、二〇〇六年)
奥野高広『皇室御経済史の研究』正篇・続篇(国書刊行会、一九八二年)
奥野高広『戦国時代の宮廷生活』(続群書類従完成会、二〇〇四年)
小野晃嗣『日本中世商業史の研究』(法政大学出版会、一九八九年)
河岡武春『海の民—漁村の歴史と民俗—』(平凡社、一九八七年)
川上新一郎『六条藤家歌学の研究』(汲古書院、一九九九年)
久保貴子『近世の朝廷運営』(岩田書院、一九九八年)
黒川光博『虎屋—和菓子と歩んだ五百年—』(新潮新書、二〇〇五年)
小林丈広『明治維新と京都—公家社会の解体—』(臨川書店、一九九八年)

下橋敬長『幕末の宮廷』（平凡社東洋文庫、一九七九年）
高埜利彦『近世日本の国家権力と宗教』（東京大学出版会、一九八九年）
高埜利彦『江戸幕府と朝廷』（山川出版社日本史リブレット、二〇〇一年）
長岡京市生涯学習課文化財係編『展示コーナーだより　ふるさとファイル』二八（長岡京市生涯学習課文化財係、二〇〇六年）
西田直二郎・柴田実編『立入宗継文書・川端道喜文書』（国民精神文化研究所、一九三七年）
西村慎太郎『近世朝廷社会と地下官人』（吉川弘文館、二〇〇八年）
根崎光男『江戸幕府放鷹制度の研究』（吉川弘文館、二〇〇八年）
橋本政宣『近世公家社会の研究』（吉川弘文館、二〇〇二年）
福井県文書館編『若狭国小浜町人の珍事等書留日記』（福井県文書館、二〇〇九年）
本郷和人『天皇はなぜ生き残ったか』（新潮新書、二〇〇九年）
本郷恵子『中世公家政権の研究』（東京大学出版会、一九九八年）
三浦俊明『近世寺社名目金の史的研究』（吉川弘文館、一九八三年）
宮地正人『天皇制の政治史的研究』（校倉書房、一九八一年）
米窪明美『明治天皇の一日―皇室システムの伝統と現在―』（新潮新書、二〇〇六年）
山川三千子『女官』（実業之日本社、一九六〇年）
渡辺勝利『天皇の魚屋』（東京経済、一九八九年）
渡辺勝利『小説「星岡茶寮」』（東京経済、一九九四年）

〈論文〉

石川和外「禁裏付武家―朝廷内の旗本―」（高埜利彦編『身分的周縁と近世社会8　朝廷をとりまく人びと』吉川弘文館、二〇〇七年）
井上容子「衣紋会の組織と活動について―近世中後期の高倉家衣紋会を中心として―」（久留島浩・吉田伸之編『近世の社会集団―由緒と言説―』山川出版社、一九九五年）
越智信也「史料としての伝承巻物―「浮鯛抄」から「浮鯛系図」へ―」（『歴史と民俗』二四、二〇〇八年）
佐藤雄介「近世後期の朝廷財政と江戸幕府―寛政・文化期を中心に―」（『近世の天皇・朝廷研究―第1回大会成果報告集―』学習院大学人文科学研究所、二〇〇八年）
須田　肇「近世の内膳司について」（『学習院大学史料館紀要』五、一九八九年）
高橋秀樹「能書の家」（『和歌をひらく二　和歌が書かれるとき』岩波書店、二〇〇五年）
苗代田敏明「中世後期地下官人の一形態―九条殿諸大夫富小路氏について―」（『日本社会史研究』三〇、一九九一年）
西村慎太郎「近世公家の由緒と伝説」（『国文学解釈と鑑賞』七〇―一〇、二〇〇五年）
西村慎太郎「寛政期有職研究の動向と裏松固禅」（『近世公家社会における故実研究の政治的社会的意義に関する研究』二〇〇二～二〇〇四年度科学研究費補助金基盤B研究成果報告書〈研究代表者・吉田早苗〉、二〇〇五年）
西村慎太郎「回禄からの再生―罹災と公家の記録管理―」（『国文学研究資料館紀要アーカイブズ編』七、

二〇一〇年）
林　基「近世に於ける天皇の政治的地位」（歴史科学協議会編『歴史科学大系一七　天皇制の歴史（上）』校倉書房、一九八六年）
平井誠二「江戸時代の公家の流罪について」（『大倉山論集』二九、一九九一年）
平井誠二「朝儀の近世的展開」（大倉精神文化研究所編『近世の精神生活』続群書類従完成会、一九九六年）
星田公一「今昔物語集の山蔭中納言説話の形成と影響」（『同志社国文学』九、一九七四年）
星田公一「山蔭中納言説話の成立―『長谷寺観音験記』の場合―」（『同志社国文学』一一、一九七六年）
本田慧子「近世の禁裏小番について」（『書陵部紀要』四一、一九八九年）
松澤克行「近世の家礼について」（『日本史研究』三八七、一九九四年）
宗政五十緒「高橋図南の出自」（同編『江戸時代上方の地域と文学』同朋舎出版、一九九二年）
山口和夫「朝廷と公家社会」（歴史学研究会・日本史研究会編『日本史講座6　近世社会論』東京大学出版会、二〇〇五年）

著者紹介

一九七四年、東京都に生まれる
二〇〇四年、学習院大学大学院人文科学研究科史学専攻博士後期課程修了、博士(史学)
現在、国文学研究資料館准教授
主要著書・論文
『近世朝廷社会と地下官人』(吉川弘文館、二〇〇八年)
「近世非蔵人の門跡肝煎」(『日本歴史』七五六号、二〇一一年)

歴史文化ライブラリー
344

宮中のシェフ、鶴をさばく
江戸時代の朝廷と庖丁道

二〇一二年(平成二十四)五月一日　第一刷発行

著　者　西《にし》村《むら》慎《しん》太《た》郎《ろう》

発行者　前田求恭

発行所　株式会社 吉川弘文館
東京都文京区本郷七丁目二番八号
郵便番号一一三―〇〇三三
電話〇三―三八一三―九一五一〈代表〉
振替口座〇〇一〇〇―五―二四四
http://www.yoshikawa-k.co.jp/

印刷＝株式会社 平文社
製本＝ナショナル製本協同組合
装幀＝清水良洋・星野槙子

歴史文化ライブラリー

1996.10

刊行のことば

現今の日本および国際社会は、さまざまな面で大変動の時代を迎えておりますが、近づきつつある二十一世紀は人類史の到達点として、物質的な繁栄のみならず文化や自然・社会環境を謳歌できる平和な社会でなければなりません。しかしながら高度成長・技術革新にともなう急激な変貌は「自己本位な刹那主義」の風潮を生みだし、先人が築いてきた歴史や文化に学ぶ余裕もなく、いまだ明るい人類の将来が展望できていないようにも見えます。このような状況を踏まえ、よりよい二十一世紀社会を築くために、人類誕生から現在に至る「人類の遺産・教訓」としてのあらゆる分野の歴史と文化を「歴史文化ライブラリー」として刊行することといたしました。

小社は、安政四年（一八五七）の創業以来、一貫して歴史学を中心とした専門出版社として書籍を刊行しつづけてまいりました。その経験を生かし、学問成果にもとづいた本叢書を刊行し社会的要請に応えて行きたいと考えております。

現代は、マスメディアが発達した高度情報化社会といわれますが、私どもはあくまでも活字を主体とした出版こそ、ものの本質を考える基礎と信じ、本叢書をとおして社会に訴えてまいりたいと思います。これから生まれでる一冊一冊が、それぞれの読者を知的冒険の旅へと誘い、希望に満ちた人類の未来を構築する糧となれば幸いです。

吉川弘文館

〈オンデマンド版〉
宮中のシェフ、鶴をさばく
江戸時代の朝廷と庖丁道

On Demand
歴史文化ライブラリー
344

2022年（令和4）10月1日　発行

著　者　西《にし》村《むら》慎《しん》太《た》郎《ろう》
発行者　吉川道郎
発行所　株式会社　吉川弘文館
〒113-0033　東京都文京区本郷7丁目2番8号
TEL　03-3813-9151〈代表〉
URL　http://www.yoshikawa-k.co.jp/

印刷・製本　大日本印刷株式会社
装　幀　清水良洋・宮崎萌美

西村慎太郎（1974～）

ISBN978-4-642-75744-7